金仙證論

附：慧命經

柳華陽

伍柳派在修持丹法上主張仙道為宗，佛法為用，仙佛合宗。既論證《黃庭經》、《胎息經》、《坐忘論》，又引佛教《楞嚴經》、《大般若經》、《華嚴經》，仙佛合為一體。

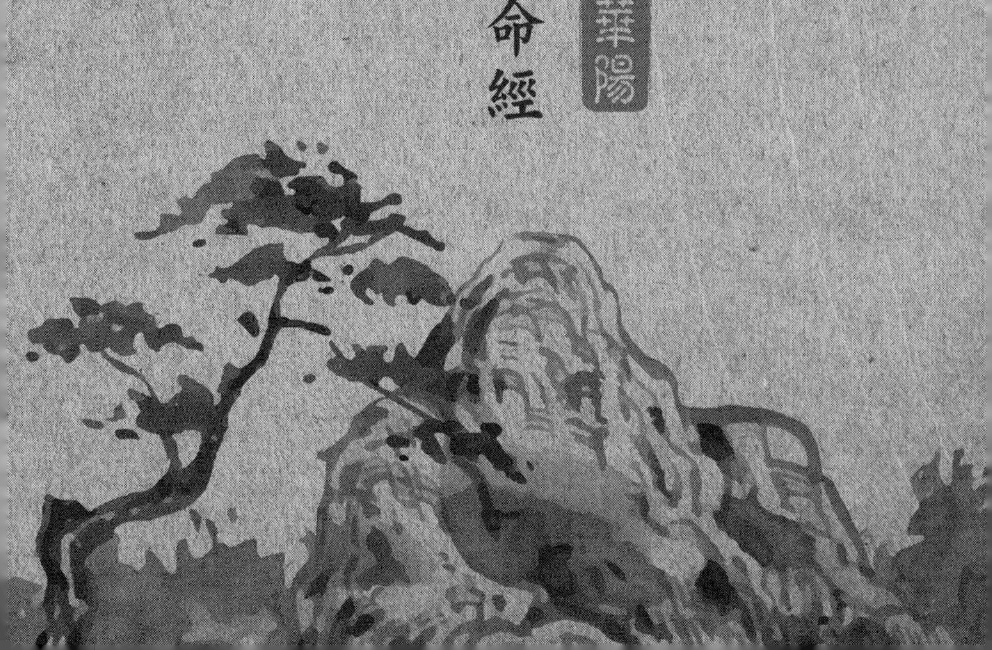

華夏出版公司本著「弘揚傳統文化，好書永世流傳」的理念，因舊版圖書年代久遠，囿於時空因素，在尚未能聯繫到原著作人並取得同意下，重新出版了這本著作，如有侵權，敬請著作權人或其親友和華夏出版公司聯繫，謝謝您。

序

大道本來無言以言詮者易涉迹象故實悟甚希而謬言日出不得眞傳豈不入於歧路哉況古人之巧喻異名每索解而不得不特難窺大道之閫奧且因喻而執名反失其性命之眞源觀於此而懷存經度人之念者安得不淺說而直論之乎惟華陽禪師幼而好學夙稟靈根積數十年心無他用苦志不懈得合洪沖虛二眞人之奧旨著爲是書剝盡皮毛獨留骨髓將古之異名

掃除滌盡直說小周天重論下手工夫發前聖之未發啟後人之未啟使苦志之好道者且得升堂入室而後超登彼岸復還無極豈不快哉是書雖出自一人之著述眞乃後世師教之規則也讀之者無不謂之仙佛之舟梯修眞之簡徑美乎幸矣聞之者亦無不爲之了然徹悟豁然貫通信乎至矣余自幼慕道力搜羣書而莫能入悟時至庚戌春幸遇禪師片言相投示此書與余余開卷讀之心目通明不覺手舞足蹈渙然冰釋其中

條理次序猶如親口相傳而論小周天之工法不雜一
字意則實貫串諸經之骨髓然老師猶不自以爲是恐
後人疑惑不能徹解又廣引先正之秘文以爲憑證由
是獨顯一眞之實直闢傍門之非謂之仙佛之功臣誰
曰不然且也前五條慨然出自直說後數條亦非出於
荒誕風火經原集諸聖次第用功之正文以爲註腳總
說直泄天機使人下手調藥採取工夫不失遲早之誤
則爐鼎火候一以發明圖論下手之竅妙而採取薰煉

即在其中顧命之說示人性命不可須臾離也賦歌論即顯已所得之意而大小周天即存乎其內用盡婆心平空泄漏惟欲志士同成道果是書不獨有益於當時并大裨於後學有緣遇之猶如雲開見日潭月雙輝豈不欣然歎賞乎余自愧管窺之才喜悅尚志願普證公用因而爲序

旹

乾隆庚戌春洪都後學無霞道人高雙景序

序

蓋道不得其眞傳由來久矣自世尊開化愚智而同度性命而異指性闡迷開而漸修命附靈利而證果至於西天二十八祖及東土六代慧燈心口授受莫不以性道慧命之兼修由六祖之後性法單揚慧命擯秘悟之者私附密語獨修超越祖位故爲教外別傳今之爲學不得慧命之嫡旨闡揚性法則性亦不得其眞是爲識性之障霧而差訛錯認或以靈覺爲眞性或以正念爲

眞性逐妄迷眞失卻如來之旨耽修瞎煉身根不能堅
固而成金剛之體長自下漏故有轉劫迷失之誤何況
念坐乎惟華陽禪師慈悲另通消息得師所授之眞旨
會同元釋吐露慧命之眞傳泄漏明星之眞性拔救迷
妄開通智慧使見之者立今刦而成佛免墮他生再修
何等切近何等簡易愚迷不明雙修之理分別教相智
慧參悟性命之原融會其法不分彼此在釋有緣遇眞
道得性命之眞旨修成性命即道是佛也在道有緣遇

眞僧得性命之眞旨修成性命即僧是仙也釋道原本一法大則同小則異清淨自然覺王如來菩薩即　玉帝所自稱也大仙七仙衆仙金仙亦是世尊所自稱也一道坦坦有何此何彼之分別乎余慕覺眞宗涉步山川叩求叢林知識者竟不少矣究其所然無非提公案參話頭打七坐禪之談數十年來都成虛涉弁無慧命之師忘食失寐念念不休感　蒼天辛亥歲幸遇禪師禪師見余志心苦切便以開示心肝決其疑妄欲指而

又未露余慮爲此道之尊重諸佛之所禁秘非師之不
慈悲誠心焚香立誓懇求至切方纔決破根由一言之
下頓悟全旨原來成佛作祖之道卽在動靜順逆之間
豈有難哉蓋禪師三十餘年覔道之苦志今捨慈悲備
著此書古佛不露的今始露祖師不傳的今始傳將慧
命壽命佛性眞性和盤托出願人人成等正覺超越佛
地不使後世煩勞他人之父母現今成就其功豈小哉

乾隆辛亥歲重陽月靈臺庵僧妙悟序

金仙證論慧命經合刻序

仙佛之書汗牛充棟非初學驟能了徹同志諸君憫世之學道不得其門而入既無明師又鮮秘典流爲枯寂誤墮僞術者比比皆然因慨然有拯救之志擇近日最眞切最顯著不待口傳面授而始明者曰金仙證論曰慧命經梓之以惠同儕問序於余弁囑條縷參議以發揚之余學劣功淺烏能詮讚仙佛要妙第證論慧命二書篤尚清眞深禪性命進寸得寸進尺得尺身踐力行

皆有實際余甚樂從慂以成其美夫華陽師去今未遠恆與及門弟子豁然瓊玉諸人往來名山間有緣者尚可旦暮遇之豈虛無高遠可羨而不可學者哉顧得證論而不得慧命則大周之歸旨或差得慧命而不得證論則小周之細微未罄今二書合訂道釋互詳可稱全璧細繹其言無非以命爲體以性爲用以藥爲經以火爲緯命在一時性在平日經在我身緯在我心經緯合則身心泰時日修則性命全即身而得不假於人盡人

而具各受於天於是執天之行以爲符以人之道治其身本自生成還其固有未嘗絲毫勉强但世味濃者自不覺耳大抵命貴逆性貴順藥以守火以戰苟不知命無以得藥苟不知性無以得火而篇中所謂元精氣神和合凝集前後升降收返薰蒸等說反覆詳究採藥行火工候關渡闈發殆盡更繪任督六規二圖俾人依循作丹眞秘昭如燈鏡不必智過顏閔而皆可以心領神會矣故論其奧則言言皆金眞七映之文道其常實節

節盡天人一氣之理孰參此書即是盡讀瑯環福地第一書能遵此道即是遨遊西天蓬島之大道八百地仙三千活佛不難重見於今世視人之工夫勤惰而已諸君嘉惠同好之心其利溥哉勉從其囑附鄙論九則於左識者勿加續貂之誚爲幸旹

道光丙午孟冬望日閩中正青山人梁靖陽謹序

義例

丁戊山人參訂

同人重刊證論。或囑修飾字句。以期垂遠。然丹書非以文字見長。何必更加斧鑿。且前賢每于吃緊處。篇中三致意焉。其重言複句。有未醒者。正以留待後人從此悟入。何可變易原文。徒求膾炙人口。致使讀者圂圇過去。若以工雅爲文。則當時瓊玉諸門人。名列通儒。不難潤色也。今卷中悉照舊本抄刻。雖誤猶仍。並不增改。

證論一書。乃全眞之秘要。平日既已煉心入手。卽當調藥。偶逢時至。未可遽行。四字訣只是凝。神。穴。息。息歸。根。此時無鼎器無火候無藥物也。而鼎器火候藥物在此八字中矣。調之既久。神明清壯。可行吸抵撮閉四訣。漸運三百。升降妙周。如得元關現相。鼎器自明。正子時來。內外符應。斯時始可言藥、言火言鼎也。此虛耗者築基之初工。卷中悉已諄切細剖第篇幅宏廣。閱者易忽。故為拈出。凡作丹養舍利。最宜遵循次第切忌莽裂但古來經書理法兼訖頭緒紛繁復又名目各異正喻夾詮難分次第最能炫目所以昔賢有無從下手之歎或聰明餼急者時越乎規矩繩墨之外致有走失之虞此皆不遵循次第之過余會串合羣經釐爲十節聯成一片揭其綱領備錄瑣微口訣逐節覼縷箋蹄名曰入室譜庶幾行功之際循序漸進不致凌躐也

慧命一書舊少傳本當時甫告殺青即遭燬失天律甚

嚴足徵神護此本得於雲遊僧悟明僧於昔年來閩常端坐七日夜不眠食一日盡棄行囊而去王子來和乞而得之自得釋子并諸同人喜其書之有裨於禪宗也乃不避譴責以公世其心亦良厚矣夫世之釋教不見如來菩提久矣慧命之道妙悟者希柳師拈此二字以立名正所以提醒世人耳如獲讀此何啻暗室明燈耶得者當知珍重

古法原有清淨栽接之不同派雖有二而道則一宗南

派者每嘗清淨爲孤陰難恃宗北派者遂闢栽接爲舍己求人軒輊者又有金液玉液之分然成佛成仙有漸有頓莫不殊途同歸三教尙且同源三元亦自一致南北何嫌兩歧有緣者各隨所遇而入大旨均不離求此先天一點乾金而擴充之性命雙修內外一貫務造其極而已慧命收光化氣非金液何能臻此證論尋竹黃花即栽接亦未嘗擯斥也清淨栽接何必互爲牴牾

凡學道要學眞道不可學假道學眞道不成不失爲好人亦不失爲長壽人學假道不回頭直一匪徒耳肯學眞道自然知命知性得藥得火一遇機緣即可結丹成舍利若夫假道縱知性命藥火亦不能用罔念克念總在一心儒之要功可該二教聖人臨凡不易吾言矣故超凡入聖之學第一要克己去私纖毫務盡所謂損之又損一至於無人未純陽心已純陽身眞未返天眞已返在慾無慾居塵出塵處處培土生

金時時添鉛益汞祖師自然暗中點頭而一旦豁然貫通焉況此書指陳既明下手甚易縱無財侶亦可獨自修持暫借後天以延歲月留得丹在終能渡海得之者極樂國在我枕中秘矣所難在克私一事耳道之所以尊貴者以此

抱樸子謂學丹先學醫此誠善誘之法蓋丹道必先周知一身之關脈道路以及陰陽氣血與天地相通之妙方能了當醫道亦然而言之特備是內經銅人圖

諸書不可不讀也

作丹之法無他秘只是藥物火候鼎器三者而已三者有眞有假有後有先已破之身莫不借假復眞求先於後千經萬論祇是剖明此三事讀者執此以求於三事之中分別先天後天假借眞元之義則眉目綱領自淸

修煉之士貴夫忘言守一一非虛名也卽太極也元關也聖人隱言曰元關一竅曰抱一修行黃庭在一之

內。人壯一靈。人衰一倣。鉛汞皆從一生。守靜極於虛無。則先天一炁。自虛無中來。借一之形。煉一之氣。得其一。萬事畢。皆暗指一爲元關。元關口訣盡此矣。莫不抱此一念。守聚成眞。是即。以火。煉藥而結丹。以神馭。氣。而。成道。故風火經謂此道至簡至易。只是降念頭入於炁穴耳。神氣交入。則超然出現。蓋此一在內。陽生則闢。陽散則斂。以外物候之。仍將此一氣引還。本所其正闢之時。即九二爻用功之時。即二候採牟尼之時調藥圖說云炁發則成竅機息則渺茫誠哉是言也所以藥即火火即藥藥火即鼎器其流則二其源則一此一之竅即偃月爐戊己門西南鄉異名甚多統曰谷神爲天地根乃呼吸往來之祖陰陽闔闢之宗修煉之大關竅也必習靜日久見此一陽藥爐火候方爲眞的盜天地奪造化化生諸天開明三景皆在此處無限仙階從此拾級而登諸書說元關不下百餘條皆未肯直示原委余得師說頗詳故直

書之。以暢華陽師調藥圖之說。以參忘言守一之旨
道所最宜先者。煉心也。證論煉已篇。已提其要。他則唱
道眞言、爲至詳。所最宜急者。接命也。證論慧命開首
即明言其術。他則金笥寶錄。修身正印。亦直揭其眞
接命須藥。藥忌老嫩。統以九二爻爲的。即二候採牟
尼也。有藥則歸鼎。鼎在臍下一寸二分。以銅人仰臥
圖測之則與前七後三之說符。以本人中指中節量
之。則其穴之上下大小。恰與人相合。藥入鼎宜封固

封者封口固者固身外丹封固用鹽泥有一毫滲漏則鉛走汞飛內丹封固用眞意而無形之滲漏甚捷尤宜謹防密封固濟後即當起火有薰養之火有升降之火大概行火必先薰蒸升降則先文後武內外一律可以意消息之周天之火尤當細分規則以循進退慧命六候圖洩盡天機矣他則伍守陽眞人自注二書辨其精微而尤鄭重於沐浴閏餘之妙用任督脈乃水火之道路惟華陽師獨闡眞圖他書從未

有明剖者。然又不可以圖書意方爲得訣。此皆起手之緊要關節也。至若過關一節。最爲秘密。其法合宗頗詳。然非平日操持純熟。則臨時鮮不僨事。蓋此時一身百竅俱開。痛如刀刺。千邪備至。聲震形滑。心難主持。混沌欲死。元珠在內。焉得不順溜而出。必須功德兩全。明暗有助。方可舉行。七日之中。別有火候。前人多辨平日火候。而此時無火之火。無候之候。鮮有言及者。切須認定吾身子午卯酉四正位以沐浴洗

滌為至要。以鉛汞文武為秘機。過此七日勦盡羣陰
一戰而天下平。證位人仙。可謂得道者矣。正青山人
又識。

金仙證論

目錄　　古雲安雲笠鄧徽績重刊

華陽金仙證論

序煉丹第一　盡言小周天

華陽曰。欲修大道者。理無別訣。無非神炁而已。神乃心中之元神。炁卽腎中之元炁。煉精之時。則炁原在乎精中。精炁本是一物。所以曹祖師云。大道簡易。只神炁二者而已。凡學道之士。能識神炁之道。卽是陰陽性命之道也。故曰無別訣。神炁而已矣。**先須窮其造化。究其清濁。**造化者。乃吾身之生機。人由此此機而生形。仙佛由此機而成道。學者能先窮此造化之機。則有下手處矣。清者。是無天地人我之象。渾渾淪淪。恍如太虛。斯時一派先天機之未發。虛而待之。靜極自動。是爲清也。濁者。因有存想思慮見聞知覺而後機動。卽爲濁也。豈可不究哉。**則精生方可採**

攝精生者元炁之動是謂精生採者採其炁之妙處必
須以我之正念斂收微細之神誠志專意採入其炁
之動所招攝已生之精
歸於本穴用火烹煉

次察其呼吸明其節序

呼吸者
巽風也
其用則有次序轉變之法非可一概論也如精生之時
則當用攝精之呼吸如藥生之時則當用採藥之呼吸
藥既歸爐則用封固之呼吸如起火之時則用起火之
呼吸沐浴之時則用沐浴之呼吸金丹始終全仗呼吸
故曰
節序

則神凝方自戀吸

神既凝入炁穴則神自然戀炁
神炁相合則炁自然戀神矣

然後可施可受而精可化

施者後天氣也而為母氣受
者先天氣也而為子炁子炁
既受母氣則精自化炁矣倘不明母氣之眞消
息則子炁散於外境其精焉得化而為炁乎

余見世人亦知陽生而煉精不住金丹不成者皆因不知其自

然而然以混採混煉之過也凡世之學道者知陽生固多矣而所以化精成金丹者何少也由不知其風火之法藥產有時封固有爐周天有度混採混煉耳且觀古書之所作喻名爐鼎道路則人被爐鼎道路之所惑古書所喻爐鼎者是煉精煉炁之所方士借此爲言曰女鼎曰燒煉初學未得眞傳信而惑矣縱有眞志豈不誤哉而道路者卽採取升降任督之脈絡也俞玉吾云任督二脈呼吸往來之黃道也任脈者起於中極之下以上至毛際循還腹裏上關元至咽喉也督脈者起於下極之腧並遶脊裏上風府入腦頂二脈通則百脈俱通矣採取由此而運周天由此而轉能識此爐鼎道路則金丹無不成矣喻名鉛汞藥物則人又被鉛汞藥物之所誤古人修丹以神炁比喻鉛汞以眞精比喻藥物使人易悟愚夫聞之言鉛汞便

以凡鉛凡汞燒煉爲藥物妄圖點化服食求富貴長生反到喪身破家愚之甚也　故假道愈顯而眞道愈晦世因喻而惑人誑人者衆也　羣書喻名雖多究其根源之所在無出乎心腎之神炁而已妄人見喻借喻爲言而誑人曰藥之先天炁不在自身在女鼎初學淺見不能分別眞僞信方士迷邪不識金丹眞訣不明大道根源豈不更惑乎　由此觀之智者得師而明愚者被師而誤皆因不悟羣書簡易之妙而竟失於正理矣　智人能識眞假除妄歸正參悟大道訪尋明師以求印證秘密之眞訣愚夫不然喜傍門之小法暗圖爲人之師縱有仙書眞訣而曰吾不用看經眞訣在吾心內惑衆亂眞後學以爲至言皆因心地不明少讀羣書未有不失正理者也　故予正欲詳而直論夫仙道者原

乎先天之神炁神乃元神炁即元炁何以謂之先天當虛極恍惚之時是也既知恍惚是誰恍惚此即先天之神也恍惚之時不覺忽然眞機自動陽物勃然而舉此即先天之炁也若此時即能下手修煉何患不仙也煉精者則炁在乎其中精由炁化炁由精滿煉精者即是煉炁故曰炁在其中矣煉形者則神在乎其內煉神即是煉精古云形化而後炁生神凝而後水融神炁合一故神在其內矣煉時必明其火用火必兼其風火者神也精生之時必以神而馭精則精歸源既知歸矣又當久久以呼吸薰蒸則精方能化爲炁存乎其誠入乎其竅合乎自然凝神之時外除耳目內絕思慮專志一心凝入炁穴又要合自然之動靜不可强制縱放若能如此依時而煉則藥物自然生矣依時者陽動之時

依時而煉凡有動時遂卽煉之既煉巳則藥物自然生矣生竟遊其熟路者有之着不起火歸爐難免走失之患也熟路者卽陽關也乃昔日精炁所遊之路古人有走泄者皆由此也起火者是藥物歸爐之工法藥生若不採歸爐則藥物順熟路而泄矣然藥物既歸爐又當速起火逼行其周天古云火逼金行顛倒轉者卽此也行是陰符陽火之法若不行周天之火則炁不聚丹不結矣倘不明其火候之精微雖有藥而藥亦不能成丹火候是一總名其中有次第節序而各有其候如精生有調藥之候藥產有採取之候歸爐有封固之候起火有運行之候沐浴有停息之候火足有止火之候此乃小周天之秘機如若不盡精微雖有藥不得火之法度則焉能成丹也可不歷歷以明之哉不知橐籥之消

息槖籥者即往來之呼吸古人喻之曰巽風升降由此風而運不得此風則輻軸不如法凡小周天始終全憑槖籥之風以爲金丹之權柄**不明升降之法度**升降是運行周天之法既行周天則有度數往往學道之人不知升降度數所以丹不結矣**不識沐浴之候**沐浴者乃卯酉生殺之位也故停息爲沐浴之候也**不曉歸根之所**歸根者乃還炁穴歸其本位之所**如此空煉何得成其道也**凡坐頑空不明大道要訣雖修無益矣**大凡臨機之時必須暢明其神勇猛其志**此機時者即採取藥煉之時也切忌昏迷散亂欲修丹者當自精進勇猛非他人所能助者也**立定天心之主宰**天心名曰中黃居於天之正中一名天罡一名斗杓在天爲天心在人爲眞意中宮若失眞意猶如臣失君主矣**徘徊輻輳之運**

轉。輻輳者即徘徊往來之意。猶如車軸使爪之運轉一般。太上云。三十輻共一轂。內鼓橐籥之消息。外依斗柄之循環。橐籥即呼吸也。周天火候。憑橐籥之息。以定周天之度數。朝元子云。勸君窮取周天數。莫使蹉跎復卦。備斗柄循環。即活潑運轉之機耳。如此神炁相依而行相依而住。則周天之造化無不合宜矣。凡行火之時。炁依神而行。神依炁而住。火候當行。則神炁亦當行。火候當住。則神炁亦當住。火候當止。則神炁亦當止而止。如此而煉。則丹無不成矣。

時

乾隆庚戌春傳廬柳華陽序於皖城之潔玉古廟中

金仙證論

江右株林橋傳廬柳華陽譔并註

洪都後學無霞道人高雙景參訂

正道淺說第二 盡言小周天

華陽曰仙道煉元精爲丹。凡煉丹下手之仙機即煉腎中之元精精滿則炁自發生復煉此發生之炁收回補其眞炁補到炁足生機不動是謂丹也則人之根竅無漏精之路便成人仙矣服食則出神顯化世間無不喜而願求者。服食者是得前小周天如法修煉以採大藥運過三關故曰服食煉炁化神出神顯化世間無不喜矣奈何天機秘密。學者未必窮其根源故多在中途而廢矣。天機者即吾身中之生機古人云陽炁生今人曰活子時眞仙上聖秘之深密不書於竹帛學者無所覓處空自磨煉豈不在中途而廢所以予今淺說使學者概而證之。夫精爲萬物之美。即養身立命之至寶。萬物最美曰精人有其精則生人無其精則死所以精者即性命之根源陰符經云精是炁之母神是炁之子古云留得陽精神仙現成豈不寶哉如精已敗者。以精補精保而還初。所謂得生之由。中年年遺之人因精已耗散故必用補精之法助之鍾離眞人云晚年修持先論救護未敗者。即以此而超脫養胎化神則亦易爲易修易成之果也。未敗者是童眞本有陽精足炁免得補精築基之工從此下手採大藥不過七日靜工十月之期即可以出神爲神仙樂事故此易爲易修易成是也若以神順此精由自然之造化則人道全世人每遇精生不知修煉順此造化男女交合即爲生人之道由逆順化若以神逆此精修自然之造化則仙道成眞人知此精生之造化以神留精逆歸逆穴用火煅煉精化爲逆脫胎神化仙佛從此而得由精逆化也故精者乃是入死入生之關鎖精乃凡聖根由故名關鎖精耗必死保而煉之即生此理之至也其名雖然稱之曰精其裏本自無形因靜中動而言之曰元精矣此精當未動之先裏本虛無有何精可名因人靜極陽逆從靜而發動故名之曰元精矣當其未動之前渾然空寂視之不見聽之無

聲亦非精也亦非物也無可名而名故名之曰先天易曰無極時也此正鴻濛未判之時元門名曰先天釋氏名曰威音易曰無極總屬虛無是無炁之謂也斯時則神寂機息萬物歸根此正謂之虛極靜篤此正上文鴻濛是也渾然一團不見天地人我之相如萬物逢冬歸根陽炁潛藏故曰機息然則機雖息而生炁之機卽在息偃之中矣靜中恍惚偶有融會之妙意此言炁機將萌未動之時也便可名而有其名故名之曰道易曰太極時也此正上文炁機將萌是也因此機一萌曰元炁也炁旣以萌而又旋動曰元精矣元炁元精分而言之其機則是一也修仙作佛之造化卽從此而入

手若夫塵念兼起。必化婬精。順陽關而出。凡修丹者卽在此時用工則神炁自然相投合而爲一若煉已未熟逢此炁機淫念頓起眞炁必化後天有形之精順陽關而泄矣修士正當此時。正念爲主。以神馭炁。起呼吸之氣。留戀元精。可謂還原之道矣。既以神馭炁必加呼吸之氣收回元精其精自然逆回於炁根矣眞精既得還原。取其神炁混合。兩不相離。使其二物鎔化合而爲一也。元精不能自鎔在元神鎔之綿綿若存使性情相洽神炁合而爲一者也如易所謂天地絪縕。萬物化生。天地之炁不交萬物無所生焉金丹之道不交眞種何所覓乎崇正篇云兩般靈物天然合些子神機這裏來然後先天眞一之炁。仍舊

從竅中發出竅即丹田炁穴也所以混然子云火從臍下發即此**而為金丹之主宰**主宰者依此炁為主也**所以古云未有不交媾而可能成造化者也**此即尹真人之旨造化者即採取運周天之造化先若無交媾之法何得有藥產之機發現也交媾即調藥之法澹漪真人云人身中只是一箇元炁只要迴光返照將此炁收歛沉到極處久之其中自有造化**夫既知此炁之生機即可以行火補炁而煉丹**生機者即藥產之時也古人云藥產神知即此也行火行周天陰符陽火之法即升降往來復還丹田之所真炁得此動炁之所補故謂之煉丹也**故有辨時採取周天之候**辨時者即言藥之老嫩古人常表藥老炁散不能結丹藥嫩炁力微亦不結丹然則何時不老不嫩上陽子云若人採先天炁之時以暖炁為之信

又伍子云如浴之方起而暖炁融融然此不辨辨在其中矣周天法者是言子午卯酉之法子午爲進退卯酉爲沐浴然子午亦有沐浴古云時至神知。正言此藥產之先天炁者是也。藥產神有所知即上文暖信之謂也若不知採取則當面錯過矣修士宜當此時須用凝神合炁之法。以斂聚微細之元神入於炁中收付於本宮則是爲我所有之妙藥矣。本宮即丹田也藥炁既承受以歸爐。爐即丹田也須當徘徊於子午。午屬於頂子屬於腹運動身中之璇璣。又必須假呼吸之炁而吹噓之方得乾坤於元關合而爲一循環之溝管矣。璇璣者即黃赤之消息天道日月之循環由黃赤而行丹道神炁之循環依任督而運七悟祖師云採取以升降從督脈上升泥丸從任脈降下丹田者蓋眞陽之炁不能自循環於乾坤須假呼吸之氣吹動元關橐籥之消息逼逐眞陽通任督達乾坤合元關而爲天地吾身造化之一大總竅矣紫陽云一孔元關竅乾坤共合成是也故神炁承呼吸之能纔得相依同行而不外遊矣神行則炁行神住則炁住而爲相依矣且神炁又當承呼吸之能方得隨脈絡而不外遊矣然呼吸皆神炁之權柄也且氣之行住又怕有太過不及之弊故必依周天之限法夫周天法者周天三百六十五度有零故以法數而限定之也言十二時如一日一周也故沖虛云子行三十六積得陽爻一百八十數午行二十四合得陰爻一百二

十數。陽爻自子至巳爲陽陰爻自午至亥爲陰陽爻用九積數一百八十陰爻用六積數一百二十共成三百數外兼卯酉之法。中途行沐浴。完成周天。卯在六陽之中酉在六陰之中凡行沐浴之法必在中途而薰蒸周天原有三百六十有零前行三百未滿造化之積數此行沐浴無數之火合成全機所以古云。氣有行住起止多少之限法。行住起止四法卽達摩云四候有妙用又云一時用六候則採封之法兼於其內行者行於黃赤住於生殺起於虛止於危是爲一周天也白玉蟾云起於虛危穴以虛危穴宿在坎宮子位也學者不可不察也

夫既得周天之妙用。積累動炁。動炁卽丹田之生機時來時煉補完眞炁。凡丹田有動之炁卽要煉之以完一周天如若不煉一周天則本根之炁不得滿足而亦不能

成大藥沖虛子云又不可一周完而不歇雖無大害亦遲其動機為無益也則精竅不漏便可謂之長生矣李眞人云陽關一閉箇箇長生如有精竅漏者則未及證不死之果有精漏則是有死之凡夫無精漏則是不死之眞人世亦有一等不漏精之軀未經火法久之亦漏非眞人薰蒸不漏又有老者弱者而陰縮者自無精矣是精已枯竭休誤認為修證必加精修以元精盡返成眞矣無精則陽不舉內裏有眞實丹成也則亦無其竅無精則陽關之竅自閉矣而外形亦無萌動之機竅閉則陽不舉方是丹成若有微萌之意未證有成必加火以薰煉則是名為大藥成矣便可作大周天之工法也以上盡言小周天

煉己直論第三

華陽曰昔日呂祖云七返還丹在人先須煉己待時己即我心中之念耳若欲成還丹者必須煉己為先己若不純焉得精還為炁炁還神也蓋七乃火之成數先以火入水中謂之返也後以炁升火位謂之還也待者候也若欲有心待之則屬於拘滯而眞陽反不生若欲無心而待之則落於頑空錯過眞機此則有無兩失矣然則若何為哉且有還於無而無內靈似於有故離騷遠遊篇云毋滑而魂兮彼將自然一炁孔神兮於中夜存虛以待之兮無為之先

蓋己者即本來之虛靈動者為意靜者為性妙用則為神也四者未發之前渾然如太虛有何名目因機萌而言故有意性之喻**金丹神雖有歸一則有雙發之**

旨凡煉丹時先則無爲寂然不動渾然空空蕩蕩不見有無之念待其機之動時則發意採取運周天時又立念主斗杓斡旋二炁槖籥之消息而神又隨真炁循環先若不煉已還虛還虛者是純乎以靜靜靜乎以化杳無眹兆還乎鴻濛復乎無極萬象空空此即本來之性體是也則臨時熟境難忘時即藥產之時先若已不純採藥煉藥之際則有分花之念神不能主張炁則散也神馳炁散神不守炁安有不散也安能奪得造化之機奪者取也造化者陽生也還我神室此神室即下丹田也凡神室卻有三釜煉精之造化即以下丹田爲主故神炁起由此歸藏亦由此是之謂神室即神炁所居之室也而爲金丹生發之本耶由前活子時用之得法然後方有炁發生而爲煉丹之本故古人煉已者寂淡直捷純一不二不存

有無之念故可以謂純一以靜而渾正是鴻濛無極之時以虛而靈十二時中不昧日用

常飄飄乎不著一點形迹隨處隨緣而安止四相俱忘安然獨立自在不究

其所在是過去心則無了不求其未至未來心不萌不喜其現在現在

心不存醒醒寂寂照而寂寂寂醒醒寂而照形體者不拘不滯

不被身之所勞虛靈者不有不無活活潑潑不生他疑明心見性了徹一

心適天徹地杲日當空直入於無為之化境威音之前無極之先此乃智者

上根之煉法也此以上皆言頓法還虛之煉法者也若夫中下之流則未

然未修煉已之人日中下非世俗日中下蓋修道本無中下當未煉之先已未煉之先也每

被識神所權凡思慮有心總是識神用事也不覺任造化之機而順化世人每遇身中炁機之生時不知修煉而行世法則生人矣亦有不交媾者此炁而亦耗散何故炁既發動不得其法留歸本處焉有不順化者耶欲煉精者不得其精住煉精是坎離交姤以前之法名曰調藥若不知調法精則不能住矣欲煉炁者不得其炁來煉炁者是小周天之法不得炁來是煉精不住古止無炁之發生也古云不合虛無不得仙蓋謂此也能到虛無方可煉丹如不到虛無丹則不成也故用漸法而煉矣由淺而深且謂煉者斷欲離愛不起邪見逢大魔而不亂者曰煉欲愛是妻子當貴師弟等事斷而不留爲煉已有力邪見者是眼偶見奇異或見光或見光中現神物或平日所未見者

今始見之爲外魔於此信之卽爲魔之所誘曰天魔曰邪魔曰妖魔眼不見或心見者爲陰魔見而喜悅爲好貪見則著魔矣心不見或耳見耳見者耳聞魔言或言福或言禍喜聞則著魔矣見而自不見聞而自不聞知而自不知依於正念魔與我不相干也不亂者水火刀兵刼殺打罵凡諸魔來皆不可妄生懼懾之心也

未遇苦行勤求勵志久而不退者曰煉未得訣者當立眞志而求師天地之間富貴以及妻子是有定分若大道則不然可以苦志而得古云有志者事竟成古來多少不該成道者而竟成之非生來有分也虛心利人不執文字恭迎而哀懇者曰煉世之學道不得其眞傳者皆因已之假學問障於他人之眞學問故不得其道矣若能虛心懇切執弟子禮行弟子之事豈有不得者乎眼雖見色而內不受納者曰煉耳雖聞聲而

內不受音者曰煉神雖感交而內不起思者曰煉此三者眞煉法見物內醒而不迷者曰煉卽六祖所謂見物心速起日用平常如如而先煉已純熟已純後可煉丹重陽云湛然不動昏昏默默無絲毫念想此由煉已純熟而得康節云思慮未起鬼神莫知不由乎我更由乎誰則調藥而得其所謂卽前煉精之法辨眞時卽得其眞時卽藥產之時用採藥之法運周天始終如法升降周天是往復之機升降是進退之工由已純則無昏沉散亂矣已有不得其先煉者則施法之際被舊習所弄錯亂節序故不得終其候也錯亂節序者因已未熟或知採封不知運行或知其不知降或知升降不知沐浴或知先天炁不知後

氣或炁行神不行或知周天不知歸根沐浴世之好金丹者云有不煉己而能成道者謬矣西王母云聲色不止神不清思慮不止心不寧心不寧兮神不靈神不靈兮道不成不煉己者在於勤若不勤則道遠也已在時刻勤煉如若放蕩丹則自走失之患矣昔日呂祖被正陽翁十試正念而不疑呂祖任他魔來不生疑心獨立正念後六十四歲隨正陽翁修道卒能成道又邱祖受百難於重陽苦志而不懈邱祖初至重陽會下重陽謂邱飲稀粥邱自知福力小苦行七年累遭魔難當過二番死魔二次飛石打折三根肋骨又險死摸折三番臂膊恁般魔難苦志而不動心自能決烈精修費長房靜坐偶視大石墜頂不驚不動此得煉己定心之顯案

也昔世尊坐於菩提樹下魔王波旬領百萬魔衆以兵戈恐佛而不動以魔女婬事誘佛而不動坐至堅剛牢固自言我終不起離於此坐并書以告同志

小周天藥物直論第四

華陽曰仙道元精喻藥物藥物喻金丹金丹喻大道何喻之多也神從炁化炁從精生欲望成其道者先當保其精精滿然後炁生以此生炁是名藥物藥物煉之不動便名金丹服此金丹出神千百億化身天地壞時這箇不壞故喻名大道矣道藏經曰精者妙物眞人長生根黃庭經云留胎止精可以長生聖聖眞眞莫不田此元精以闡名藥物也正陽眞人云除了鉛汞兩味藥都是哄弄愚夫夫藥

物既根於元精而又曰元炁者何也靜為元炁動為元精且此炁從稟受隱藏於炁穴炁穴即丹田也及其年壯炁動八至十五六丹田炁自動卻有向外拱關變化之機者炁動自有暖融之信至於陽關不知修煉因此之融信則覩轉變而為情而亦至於陽關此炁則化淫精而出即取此變化之機迴光返照凝神入炁穴則炁亦隨神還矣古云迴光返照要知去處七悟禪師云凝神收入於此竅之中則炁隨神往自然歸於此竅矣故謂之勤陽關調外藥及至調到藥產神知藥產有二景時至神知為內景藥炁外馳外別有景斯謂之小藥又謂之眞種子行大周天初採藥時謂之大藥此處行小周天初採藥時謂之小藥或謂

之眞種子，古人未言小藥，及曹伍二眞人始發小藥之名，後人卽可以用藥不誤，藥產之眞時因得此名，則易明矣。因其有順逆之變化者，故曰元精元炁也。（順為元精，逆為元炁）言不曰元精，則人不知調外藥，（元精從外攝歸爐內，謂之調外藥）以混採混煉於周天，（無藥先行火，水火煑空鐺）不知既無其藥，且落於空亡，將以何者為小藥哉？（不知前此調藥之工，則無藥產之景到）然古人但言調藥，而不言調法，（法卽綿綿不斷之旨，七悟云：一陽初動，凝神入炁穴，息息歸根）不言調所，（所卽炁之融動處）又不言調時，（時卽外物動之時也）一調藥之虛名，在於耳目之外，未得師者茫然無所下手，故我今直論之曰既知調藥矣則元精不外耗以前盡言調藥採精之法以下皆說小周天之事而藥炁自有來機焉古云神明自來此古聖不肯輕言直論予明而顯之曰未有知機而不採者未有未調藥而先採者如此或缺焉是不得藥之真故也未得真傳則不能得此藥且欲得藥之真者惟賴神之靜虛炁則生矣混然子云時至炁化機動籟鳴火從臍下而發沖虛謂之動而覺動者炁也覺者神也以此不懼不驚或者乍見此景而不禁驚詫則心動而神散欲望成丹不亦遠矣乎待而後起陽未融盛不可急於採取沖虛謂之復覺此即在後風火經見得明白此時即藥炁之

辨機不令其順而逆之順是出爐逆是歸爐斯謂之採藥守陽眞人謂之歸爐鼎中旣有藥炁此鼎卽丹田也則有周天之火候周天三百六十五度有零薰煉金丹亦似此理起刻漏之息火以烹煉之刻漏卽是呼吸煉金丹法全在呼吸之氣以定爻數古人謂之升降也升謂之進降謂之退然採得此藥來由周天之法如意斯固謂之金丹丹是炁得火之煉法如意謂之丹矣卽可以行大周天之法是採大藥之秘機則小周天之造化從此畢矣余願同志者休誤入於邪師以淫精之邪藥認爲眞藥則非藥也

小周天鼎器直論第五

華陽曰仙道以神炁二者薰蒸封固喻之曰爐鼎如煉外丹者以鉛汞燒煉之爐鼎也悟之則在一身迷之墮入別途故世因爐鼎之喻而惑者衆矣且有一等妄人見爐鼎之喻因誑人曰以女人爲鼎以淫姤爲藥取男淫精女經水敗血爲服食補身接命殊不知誑人自誑返墮棄其萬劫不可得之人身此言採戰女鼎閨丹之邪術盡是用女人爲爐鼎信者必喪性命墮於異類萬劫而不可復者矣　又有愚夫泥其迹象專喜燒

鉛煉汞世莫不由鼎器者誤也福薄愚夫不知身中本有眞鉛眞汞便以凡鉛凡汞燒煉爲服食誤信方士反失其人身皆由爐鼎誤也夫欲明爐鼎者在夫神炁之機變神炁升爲鼎起止爲爐古云鼎鼎原無鼎當其始也元精初生精生外馳以神入精中則呼吸之氣隨神之號令攝迴中宮混合神炁中宮卽丹田混合卽神炁緜緜息息歸根之意神則爲火而炁爲爐以神炁言者神在炁中炁則爲爐神則爲火也欲令此炁而藏伏者惟神之禁止炁則爲藥而神爲爐以炁神言者炁在神內神禁止其炁卽神在炁外神則爲爐而炁則爲藥也古人所謂炁穴爲爐是也以形言者指丹田爲爐神炁歸藏於此此卽謂藥之爐也

乃其採藥運周天者當從炁穴坤爐而起火升乾首以爲鼎降坤腹以爲爐（乾在上爲鼎坤在下爲爐）卽古人所謂乾坤爲鼎器者是也（以形言者首腹爲爐鼎卽周天之爐鼎也）見神炁之起伏（起是升伏是降）而鼎器在是矣（有神炁卽有爐鼎無神炁卽無爐鼎）然古人將神炁二者借喻鼎器或以丹田爲爐而以炁穴爲鼎者（丹田炁穴一也）或以坤爲爐而以乾爲鼎也（坤卽腹乾卽首）一鼎器之名目紛紛引喻故後人無以認真余若不推明直論將何處煉精（卽調藥也）煉藥（卽周天也）爲結金丹也此古聖皆不輕露（丹田爲調

藥之爐鼎古來不肯明露今予闡明正合呂祖所謂眞爐鼎眞槖籥知之眞者而後用之眞用之眞者而後證果得其眞矣沖虛子不云乎鼎鼎鼎原無鼎若不明火藥次第之妙用執著身體摸索而爲鼎器者則妄也非仙道金丹神炁自然之鼎器也

風火經第六 盡言小周天

華陽集說風火經 風者乃煉丹之妙法卽升降之消息古人喻曰巽風或喻以槖籥是卽往來之呼吸也火者煉丹之主化精化炁之具風火有同用之機大丹有修煉之法古聖不肯全露或有同言之

隱而人不能徹悟視之如故事然言之詳者又達天誠
風火同用之機乃上天之秘訣金丹至要之法凡人德
薄未遇眞傳豈知有同用之機哉前聖高眞科禁秘之
不肯並論輕泄愚亦不敢臆說故集諸聖之隱語奥言
而爲此說每句之下逐一解明以招後學見之者詳究
此解印證本文即知風火同用次第不離之機也矣

曰仙佛成道是本性元神不得元精漏盡不能了道還至虛無而超劫運

本性元神其名雖二源流則一佛謂之性仙謂之神元精漏盡乃修命之別名即先天一炁是也仙修謂之煉精化炁又謂之煉形佛修謂之漏盡成又謂之慧命不得此道則不能超劫運縱然修得灰灰相無無非五通之靈鬼耳焉能契如來之妙道乎故如來大佛方等大集經云修習五通既修習已垂得漏盡而不取證何以故愍衆生故捨漏盡通乃至行於凡夫地中又楞嚴經世尊謂阿難云第一

漏盡難成卽此也

元精漏盡不得風火則不能變化而成道

元精漏盡雖有生機不得風火則不化為炁混然子云人呼吸之氣為風如爐鞴之抽動風生於管爐火自炎久久心息相依丹田如常溫煖今之禪僧不知風火漏盡無成常自下流余有俗堂弟字道寬法名源明久住金山曰禪教原不問此事似過浸灌只悟自性不必究他余曰旣有走漏則與凡夫淫媾似也首楞嚴經云淫身淫心婬根不斷如蒸砂石欲其成飯經百千劫祇名熱砂必落魔道輪轉三途終不能出禪教何得不問也但如來風火之法佛佛相印若能自用則三種淫事一煉自斷世尊云火化以後收取舍利又云微風吹動則其中自有深旨非親傳焉得知之

故曰修煉全憑風火耳

廣成子云息者風也白玉蟾云火者神也

往古聖眞禁而不露

上天所禁秘之不傳於無德實傳於有德超乎劫運出乎

（大寶豈傳於無德者哉）中古聖眞略言其始而人不究其始往往搜尋其中徒勞精力（始者微陽初動古聖隱而不露乃金丹造化之根人若能明乎其始何事不成故雖近代亦有得道高眞惜學者不知下手重言其始人猶不究其始每每妄自採取耳不知搜尋既實雖藥有不採而自採之景到矣故學者不可徒勞無成焉）不知中宮周天之說或顯於周天煉法而隱於採取中宮（中宮卽煉丹之所天心居焉人若曉中宮之消息則丹自成矣蓋中者非中外之中卽元關消息之中也此中包羅乾坤運行日月眞種由此而生升降由此而運爐鼎由此而立槖籥由此而轉藥物由此而化坎離由此而合斗柄由此而建是也世人或知中宮不知周天則烝亦暫聚而暫散矣安得成丹乎沖虛云藥已歸爐未卽行火則眞烝斷而不續亦不成大藥

或顯於採取中宮而隱於周天煉法周天即升降也時至藥產陽炁從地升於天天者在人爲首位居上陰符註云上湧潮元通靈陽宮復降下通於巽坤坤者在人爲腹位居下混然子云從子至巳流戊土從督脈進陽火自午至亥以巳土從任脈退陰符世人或知周天不知中宮妄自行火則與水火之煮空鐺何以異乎沖虛子云藥未歸爐而先行火藥竟外耗而非爲我有者其斯之謂矣

或顯於火而秘於風煉丹全憑風以扇火風者息也曰巽風曰毋氣曰橐籥皆我之呼吸也

或顯於風而秘於火煉丹全憑火以煉精火者神也曰汞曰日曰烏曰龍皆我之眞意也

或有言之簡而論之詳者皆宜一一體玩不可淺視也

使徒執其偏見取宗於妄人之口何其誣耶簡者深言神炁之機

詳者細言神炁同用之理初學未得眞傳非由忽其簡而卽略其詳是終不得夫丹道之秘矣况又宗於邪說致生疑惑其不至於暗昧者少矣

余曰覓法尋師尚正傳若無眞訣難成仙 凡求師者當察其眞僞若言不用風火卽是假道雖欲成仙何可得乎

轂精火到風吹化 精因火化火因風灼世人被此精損志夭命因無制伏之法智者借此精養身助炁是有風火之功耳

髓竅融通氣鼓煎 竅者卽腎府也腎屬水水無火焉能融通所以人之精華多因腎而耗散智者得風火之功自能融通矣鼓者卽所謂巽風也

物舉潮來神伏定情强性烈意和牽 物卽外陽外因內動故此舉矣始舉始伏則易伏矣倘未覺其伏則陽壯性烈必須迴光返照綿綿若存使炁與意和合雖一時修煉之功而性情不覺其渾合矣

青陽洞裏須調煉

爐內鉛飛喜自然洞即炁穴凡調藥時務要緜緜使精化爲炁則內之眞鉛自然潮於上元矣

抑聞之玉芝書曰元黃若也無交姤爭得陽從坎下飛元者天也　者地也即神炁也神炁不交安有藥之可採

冲虛子曰有機先一着而後生藥以行火先一着者乃微陽初動也藥生而行火所行火者即行周天之火

朱元育曰晦朔之交即活子時活子時者乃陽動之時也

覓元子曰外腎欲舉之時即是身中活子時外腎舉者非有念而舉乃自無而生生而或速或緩皆由活動之機然有念而舉者乃是邪法煉之即成幻丹渾然問曰假若睡濃之時不覺而自舉及偶然覺之此時下手亦成幻丹否華陽云正睡濃時自已身心俱已不覺念從何有乎嘗聞純陽祖師云動則施功

靜則眠又夏雲峯云自然時節夢裏也教知以此句言之可以印證矣

俞玉吾曰內煉之道至簡至易惟欲降心火入於丹田耳內煉之道乃上乘之法簡易之事但人被邪說所惑不能信受故眞人破之曰惟欲降心火入於丹田也

又曰腎屬水心屬火火入水中則水火交媾古人謂心腎非坎離殊不知心腎乃坎離之體神炁乃坎離之用且腎非脊腎之腎乃內腎也古云內腎者即臍下是也雖在臍下猶未得其所以然要必得其神炁相投者蓋其穴正在臍後腎前稍下前七後三中間空懸一穴此正是調藥煉精之所而學者不可不察矣

六

祖壇經曰有情來下種有情者非欲念之情乃妙道中元機萌動之情故龍牙禪師云人情濃厚道情微道用人情世豈知空有人情無道用人情能得幾多時

元育曰要覓先天

眞種子須從混沌立根基 古人言眞種不一或有言神子而不言眞種子其父母所由生之理故人被此顛倒之言所惑元學正宗云始者上下相交混而爲一蓋混沌者乃天地合璧之象卽神炁會合之時若覓先天眞種子先須明種之父母蓋神炁比如天地天地卽種子之父母也神入炁中則是天入地中之象卽爲混沌之時也眞種子原由神炁而生神炁若不交安得有眞種子乎則此中之根基當明矣

正陽祖師曰南辰移入北辰位 南者離宮心乃離也神卽藏其中北者坎也炁卽藏其中移入位者卽以神入炁穴杳林云以神歸炁內丹道自然成是也

純陽祖師曰我悟長生理太陽伏太陰 長生乃我之元炁悟之者則生迷之者則死欲學清靜正道者先明道之根源道無非我身內之陰陽非是外來物件許旌陽云大丹若不以

日月交光乾坤合體更假何物爲之乎蓋太陽乃喻心之神太陰乃喻腎之炁伏者以神伏炁之法能伏住者卽得長生否則不能得矣

覓元子曰始則汞投鉛窟

程先生云鉛得汞而相親無中入有鉛汞非他物卽我神炁故呂祖云不用鉛不用汞還丹須得爐中種投者以神投炁則精炁不下泄似水銀與鉛相制不動然後爐中炁自生矣呂祖云安爐致鼎盡周圓須得汞去投鉛若不用汞投鉛則鉛炁無所生矣俞玉吾云鉛得汞以生形旌陽亦云鉛因汞伏

海蟾翁曰先賢明露丹臺旨幾度靈烏宿桂柯

靈烏喻心中之神桂柯喻腎中之炁元學正宗云心乃神之宅腎乃炁之府豈無造化乎古云心以坎爲體以離爲用故心欲虛而澄腎以離爲體以坎爲用故丹田欲實而溫離火上騰故損離火下駐故益幾度者凡陽生不拘時數靈烏宿亦不拘時數時來時宿紫虛云夜半金烏入廣寒

旌陽祖師云與君說破我家風太陽移在月明中望江南云日精若與月華合自有眞鉛出世來蓋太陽喻神月明喻炁移在者神炁相會也古云要知大道希夷理太陽移在月明中李眞人曰金丹大要不難知妙在一陽下手世人學道每被丹經之詞爻所惑不知眞訣簡易之理自已心內糊塗反謂古人不明言及見眞師强自爭辨殊不知煉丹者陽生之時卽起手之時能於此時下手又何疑惑乎眞陽云先天之炁藏炁穴雖有動時猶是無形依附有形而爲用始呈而卽始覺守陽云凝神入此炁穴而神返身中炁自迴矣重陽祖師曰純陰之下須是用火煅煉方得陽炁發生神明自來陰卽是先天坤地變爲後天之坎而中年之人藥少故不能採取眞人言須用火煅煉然後有藥可採沖虛云有

先一着而後生藥以行火俞玉吾亦云天入地中以此而産藥是也又聞之龍眉子曰風輪激動産眞鉛都因靜極還生動此以下皆言風之妙用上文一節專言火之用法而呼吸之氣未表其所用之理故眞人教人只此用火而不知用風其精則不化矣棲雲先生云火不得風不灼抱一子云知搖空得風則鼓吾之橐籥可以生風知噓物得水則胎吾之炁可以化精産鉛者卽藥炁所生之時也還生動者卽藥産之時卽採藥之候也入藥鏡曰起巽風運坤火巽風者呼吸之喻也火者乃元炁也元炁不得呼吸則不能成藥是陽不得陰則必不聚之故也必須存心中之陰神馭腎中剛陽之火綿綿息息歸根則坤火自運矣然又恐用火者失於太過與不及須當文薰武煉故蕭紫虛云熾則坤火略埋藏冷則巽風爲吹噓此言可玩矣黃庭經曰呼吸元炁以

求仙呼吸者後天之炁也元炁者先天之炁也先後原有兼用之法若不兼用元炁順流而出不能成丹矣必假呼吸之氣留歸以煉之如沖虛子所謂以後天呼吸氣留戀神炁是也李清庵曰得遇眞傳便知下手成功不難鼓動巽風扇開爐焰此言果得眞傳便知用巽風風者後天氣也沖虛云元炁固要逆修而呼吸之氣亦要逆轉蓋人呼吸之氣出入本在丹田何曾有隔礙但人只知出而不知入耳學者凝神之時炁穴之神能覺進吸者則氣自鼓自扇自吹自噓自逆轉矣不用而自用之何勞之有乎混然子云神呼氣炁歸竅內吹吾身中無孔笛常覺在此息不用歸根而自歸根矣莊子云其息深深又云眞人之息以踵卽此也李道純曰煉精其先以氣攝精精生之時原是下流若欲歸源必須用氣攝之則無精走泄之患矣然又當知精生之所沖虛云用後天之

呼吸尋眞人呼吸之處卽此之謂也天

無名子曰精調炁候調者是精生時以用調法不然則易走泄矣古人云精炁之爲物也運行則常退守則灾四時不運萬物何以生日月不映萬物何以明流水不腐戶樞不蠹人不測道之根本乃云固精爲長生此言爲大謬也若閉精可以常存則布囊可以貯水蓋炁候者是候炁之生時卽所爲採取之謂也

沖虛子曰調定其機機者是精生動機若不調則炁必泄而藥物不生矣

又曰藥若不先調則老嫩無分別老嫩是採取之時若不先調者則何時而能採取乎能知調者自有老嫩之景到

李虛庵曰忙裏偷閑調外藥藥卽吾身之元炁炁雖藏炁穴生則化元精向外下流若任外流將何物而爲藥乎故調此炁返還於炁穴久則天機自活動矣鍾離云勒陽關卽此也

沖虛子曰調到眞覺則

得眞炁覺者乃是聃至神知故其本靈之心體不能時謂之覺若能如法調藥則自有造化之機發見於外可不勞而自知矣

楞嚴經曰願立道場先取雪山大力白牛道場者修佛道之起手也欲成佛道者先當取雪山大力白牛若無此牛任汝修八萬劫終不能出楞嚴之五陰蓋雪山者喻五陰俱空既已空矣則一陽生於五陰之下元門謂之陽生釋家謂之情來又謂之眞如又謂之那偏事皆是喻事之生也太初古佛云一陽發現只是明心千百譬喻只教人曉此一事耳大力者喻法象釋家謂之明心又謂之有物皆喻牛之徵也光明古佛云日天開明是爲見性千萬種譬喻無非教人明此牛耳若謂實有此牛者卽非我如來達摩六祖之嫡傳則是外道非釋家之子也豈不謬哉

涅槃經曰雪山有大力白牛食肥膩草糞皆醍醐雪山喻炁之生處白牛卽是喻

炁醍醐喻炁之升降也故六祖云吾有一物上拄天下拄地若獨修心中之識性不兼修性海之眞性鐃你八萬刦終不能成六通契如來之眞性心經解云誰知更有過於此者覺則包藏法界窄則不立纖毫顯則八荒九夷無所不至隱則纖芥微塵無所不察又云乃人之本源　樓雲先生曰人喫五穀

化爲陰精不曾煅煉此物在裏面作怪只用丹田自然呼吸之氣吹動其中眞火水在上火在下水得火自然化而爲炁其炁上騰薰蒸傳透一身之關竅流通百脉燒得裏頭神嚎鬼哭將陰精煉盡陰魔消散矣又覓元子曰陰精者五穀飲食之精苟非巽風坤火猛烹極煉

此精必在身中思想淫慾攪亂君心務要凝神調息使橐籥鼓風而風吹火烹煉陰精化而為炁其炁混入一身之炁此炁再合先天之炁然後先天之炁再從竅內發出而為藥此二眞人之明言不必贅解朱元育曰晦朔中間日月竝會北方虛危之地天入地中月包日內斯時日月停輪復返混沌自相交媾久之漸漸凝聚震之一陽乃出而受符矣晦乃月盡無光以比人身中陰靜之時朔乃次月初一比人身中陽動之時日月並會者卽神炁同宮之法北方虛危者炁穴也天入地中者比神入炁之義月包日內卽是神攝炁也一陽出者乃藥

產之時即是採取之候受符者是起周天之火符符又是運息數之別名耳

此上數者金仙證論之妙訣風火化精之秘機具在斯與而其調藥之法亦不外是矣

此總結上文風火同用之旨調藥之法古聖所言不肯明露故人難悟大道余淺說解明以曉後學庶不入於傍門而成正覺世之好金丹者果潛心此經自修自證即成大道豈不樂哉

予故曰自始還虛而待元精生以神火而化以息風而吹以靜而渾以動而應以虛而養則調藥之法得矣

以上言調藥之法以下言眞種所生之眞時即藥生也

不聞邵康節之言乎恍惚陰陽初變化氤氳天地乍迴旋

恍惚者渾然一團外不見其身內不見其心恍恍惚惚

惚初變化者即此恍惚之間忽然不覺融融和和如沐如浴迴旋者眞炁旋動正是元關透露而陰中陽生矣

尹眞人曰俄頃癢生毫竅肢體如綿心覺恍惚此乃藥產之法象不可驚怪一起驚疑之念則神馳炁散矣務須思慮頓息以虛待之不可妄起刻漏之武火亦不可迷失眞候靜聽炁之動靜則元竅之陽自旺生矣

紫陽眞人曰藥物生元竅藥物者即眞炁也亦名眞種子元竅者乃元妙之機關即炁發之所下通陽關上通靈臺後通督脈前通任脈

六祖壇經曰因地果還生地者道曰丹田釋名淨土又名優陀那又名苦海巧喻異名無非果生之處果還生者因以前能明有情來下種之機到此方有果生果即菩提子也又曰舍利子

太初古佛曰分明動靜應無相不覺龍宮吼一聲無相者道曰虛無釋曰眞空此

原無相因靜定而生龍宮者即上文因地是也吼一聲者即上文果生也故世尊謂見明星而悟道能知此一聲之機則洞水可流西江可吸海水可灌頂矣**元學正宗曰彈指巽豁開**彈指者頓然而覺然不可起太明覺須恍惚而待之若起明覺之念則後天之氣隨念而起包裹先天之炁先天既被後天所裹則其所發之炁不得融盛亦不能採取矣**混然子曰時至炁化機動籟鳴火從臍下發**時至者乃藥產之時也籟鳴者即元關之機動也火者炁也臍下者丹田也古人云時至神知者此也學者苟不知此時之機則當面錯過矣**沖虛眞人曰覺而不覺復覺眞元**覺者知也不覺者渾也陽炁纔萌似有可知故曰覺也陽炁未旺不宜急進火故此言復覺眞元元者即眞炁也**又曰則用起火之候以採之**此下言起火採藥歸爐也

起火者後天呼吸之氣先天之炁生時仍行熟路故用起火之法採炁歸爐然呼吸之火本自有形而用之必如無形若着有形用之則長邪火果能有有而若無無中得有之妙二炁用之如法則藥自歸爐矣

又曰採藥歸爐

藥者眞炁也炁之生時則往外順出故用神炁採之歸爐眞炁既得神氣之力自然隨神而歸爐矣

又曰封固停息以伏神炁

此二句言入中宮之沐浴即是運周天子時之頭故子時有沐浴之候即此也封固者溫養之義停息者亦非閉息是不行其鼓噓之法將神炁俱伏於炁穴隨後火逼金行有行動之機者則周天武火自此而運起運然問曰我聞直論言藥已歸爐未即行火則眞炁斷而不續亦不成大藥此處既有沐浴豈不斷否余曰不行非是閉塞呼吸之氣全然不行乃是不行橐籥鼓噓之機蓋呼吸之氣原有溫柔之息在此吹噓何得斷行火之機雖暫伏微妙之理而眞機無有隨後不動之

情豈不聞之合宗乎採封是子時前也其卽此此矣

玉鼎眞人曰入鼎若無刻漏靈芽不生此下皆言子時起火煉藥行小周天之火前論起火採藥是子時之前也此乃周天子時當令之事故達摩云二候採牟尼然則藥生卽爲藥生之子時而亦爲活子時行周天謂之行周天子時不必認做一時蓋鼎者炁穴也眞炁既歸鼎內必要刻漏之火以煉之若無刻漏之火則黃芽不生

上陽子曰外火雖動而行內符閉息不應枉費神功外火既元炁也內符乃呼吸之炁元炁由呼吸而採歸爐亦由呼吸而煉之則爐中之藥方成變化仙翁云火銷金而神炁不敗若藥已歸爐呼吸之氣半途而迴不應先天之炁則藥已耗散及再行周天之火與前不相續亦不能成丹也

守陽眞人曰起火煉藥起火是起周天之火行十二位也非眞有位借火爲位又謂十

二時非眞有時借火爲時

混然子曰火逼金行當起火之初受炁宜柔

火者呼吸之氣也金者元炁也蓋金不能自升必假火以逼之使朝於乾宮然爐中眞炁初起火之時藥物未旋不可卽行武火須以柔溫之火逼之金有旋機則火當長矣若藥未甚動炁伏而緩先起武火則內之炁亦不順隨大路墮於蹊徑欲歸正路不亦難乎故曰宜柔也

又曰採時須以徘徊之意引火逼金

徘徊是往來活動之意引火者卽神呼氣之法逼者催也上文只言呼吸以用元炁尚未顯明用元神人知用二炁不知神爲二炁之主帥蓋採藥煉藥全賴炁穴之神權馭二炁徘徊則金自行矣前文云神呼氣炁歸竅內吹吾身中無孔笛是此也

又曰運動坤之火沉潛於下

坤者爐也火者元炁也運動坤火之時往下而行以通督脈而進若別行異路是不能上乾鼎則藥卽耗

散矣渾然問曰我聞玉蟾翁言神即火炁即藥以火煉藥而成丹今何又言炁是火而前文又言化穀精以呼吸爲火三事俱言火不明孰是華陽云此視學者得師不得師耳眞參實悟者一見了然於心若心下不實焉得明乎非是丹經惑爾乃爾認錯丹經誦幾句古言熟語以爲自己聰明誤也凡云是起火引火火逼行火止火皆爲呼吸氣之火也凡云凝火入火降火以火移火離火心火皆屬神之火也凡云運火取火提火坎火坤火水中火爐中火皆先天炁之火也凡呼吸之火能化飲食之穀精而助元精凡神火能化元精而助元炁凡元炁之火能化呼吸而助元神元神之火又能化形而還虛助道成始成終皆承火之力以登大羅之金仙所謂火者有逐節事條豈可執一哉

混然子曰鼓吾之橐籥採藥之時加武火之功以性斡運於內以命施化於外古人或以內呼吸爲橐籥

或以外呼吸為槖籥內外兼說則何是何非也余特指其是以示之槖籥者消息也若無消息安有槖籥古云一闔一闢謂之變知變通無窮矣槖籥者何似牛車水運行一般同消息而不同路若同路則不名槖籥矣又如風箱一般同箱而不同風若同風則不能運轉矣以風箱之內暗藏子箱向爐之風是子箱之風非風箱之風實從無中生出水車之水與子箱之風卽喻先天之炁也牛車與匠手抽動之風卽喻後天之氣也子箱者元關也消息者卽兩搭界之破軸也卽喻先後二炁之機子箱之風若無抽動之風則亦不能自吹噓矣水車之車若無牛車則水車之水不能自運矣至車與箱若無牛與匠則水與風又無從而吹運之也蓋武火者是藥物曾已行動故必槖籥之息火以應刻漏之度數若徒用文火則藥物亦不行也而眞炁竟耗散矣內者中宮也煉藥行符務要性主立於中宮而為斡運輻輳之主宰則水火方能隨外之道路而升降又外必借命之

元炁施化則脈絡方能開舒暢快內外融通自然命聽於性性持於命矣 邱祖師曰採二炁升降之際若不以意守中宮藥物如何運得轉二炁者先天後天二炁也先天之炁不得後天之氣則不能招攝轉運後天之氣不得先天之炁則亦無處施功沖虛云炁則不能無先後之二用中宮者炁穴也藥物者元炁也升降之際中宮若無主宰則藥物不轉矣然全在中宮之眞意使眞炁之動運矣故禪師云北斗望南看是也 混然子曰內伏天罡斡運外用斗柄推遷沖虛云斗柄外移而天心不離常處若以內伏天罡而外不推斗柄則眞炁不升降若外推斗柄而內不伏天罡則眞種不結 許旌陽老祖曰衡開斗牛要循環斗牛者虛危穴也斗牛既開用升降之法以運之沖虛子曰行所當後禪機賦云禪主斗柄見明星而團旋

行又白玉蟾云起於虛危穴以虛危宿在坎宮子位也
蓋虛危者卽任督二脈之起止處亦名河車路俞玉吾
云於此時鼓之以橐籥煅之以猛火則眞鉛
出坎而河車不敢停留運入崑崙峯頂是也**金丹賦曰**
子時河車聳駕火銷金而神炁不敗子時是運周天之子時駕動河車採
藥上升混然子云鉛遇癸生之時便當鼓動巽風扇開
爐韝運動坤火沉潛於下抽出坎中之陽去補離中之
陰成乾之象復還乾位**純陽祖師曰憑君子後午前看一脈天津**
在脊端子後是陰符午前是陽火一脈者卽行周天之道路凡行火時神炁必由此路而運蕭紫虛云
幾回笑指崑山上夾脊分明有路通又俞玉吾云元海
陽和動寒泉炁脈通此子午當行之道若神炁泛然於
道外不成路矣或神不知其炁或炁不能隨神空空
煆煉則金丹不成矣守陽云有兩相知之微意是也**又**

曰寒泉漉漉氣緜緜上透崑崙還紫府浮沉升降入中宮圓通禪師云羣陰剝盡一陽復生欲見天地之心須識承陰之法寒者坤也泉者坎水也皆喻腎中之水腎水果得以前所論之工法到此自有漉漉波濤之象乃眞陽所產之時也氣緜緜者續而不斷之義道光禪師云一爻看過一爻生崑崙卽乾也乾爲首紫府卽丹田也丹田爲坤升卽上崑崙降卽下紫府中宮卽丹田也祖師教人行火須上至乾鼎下至坤爐

廣成子曰人之反覆呼吸徹於蒂一吸則天氣下降一呼則地氣上升我之眞炁相接也吸降呼升者卽先天後天二炁之機也然後天氣吸則先天天炁升焉升是升於乾而爲採取也後天氣呼則先天炁降焉降是降於坤而爲烹煉也若以口鼻一呼一吸爲升降者則去先天之炁遠矣

覓元子曰

乾坤闔闢陰陽運行之機一吸則自下而上子升一呼則自上而下午降此一息之升降也此皆言先天後天二炁消息之機也

乾者首也爲天故位居上坤者腹也爲地故位居下闔闢者乃內外呼吸之元機蓋外面之氣降裏面之炁則過我而升外面之氣升裏面之炁則過我而降此乃周天之秘機凡夫豈能知之故仙翁云若教愚輩皆成道天下神仙似水流渾然問曰老師所言有兩重之呼吸但升者其意要主宰中宮以爲斗柄轉心之主又見此處其神要隨先天之炁升降又聞後天之氣在息上升降如老師言三處都有動靜知覺之意不知其神其意重在何處又不知其神其意如何分別用度我聞之丹經曰行則神炁同行住則神炁同住今此分別神意其不相合何也華陽云子之不明者非經之不明是子之執着偏見云何爲機也譬如世人與消息以制物件之

法如若投機一叩即應無處而不動夫但有先天之炁者則我之經絡自能通應而又有後天之氣鼓舞安有上下中間不應之理乎可見先天後天上下中間皆主乎其機也若是無其機焉得應之故太初古佛云一片東兮一片西兩頭動處幾人知出有入無眞造化神炁相交透祖機云譬喻鄉人織布其意一發手足頭目俱以發動發者是誰動者其神意在何處若能明此理則臨時而不誤造化之機緘矣故俞玉吾解陰符經云恒山之蛇擊其首則尾應擊其尾則首應擊其中則首尾俱應又云其法潛神於內馭呼吸之往來上至泥丸下至命門使五行顚倒運於其中此即周天內外機動而已是也又沖虛云以意在中宮以神馭炁其炁自尾閭夾脊上崑崙復下丹田周流運轉不絕又何必有疑哉因問曰聞江西道人王山而亦能升降因何以幾十載不結丹成大藥答云此人乃後天之意氣非先天之神炁也

沖虛子曰當吸機之闔

我則轉而至乾以升爲進當呼機之闢我則轉而至坤以降爲退吸機之闔固是下然而內裏之機要上上者自下而升至於乾爲進陽火爲採取呼機之闢固是上然而內裏之機要下下者自下而降至於坤爲退陰符爲烹煉此即內外闔闢之機也

蕭紫虛曰乾坤橐籥鼓有數此以下皆言周天之息數上文說升降法而其中卦爻之數尚未表明若不用其數則丹道又不成矣朝元子云勸君窮取周天數莫使蹉跎復卦催蓋乾坤者乃天地之定位橐籥者即鼓風之消息奈何眞炁不能自返復於乾坤微賴橐籥之法以吹運之蓋乾坤即橐籥之體坎離乃橐籥之用所以乾呼返吸至於坤坤吸返呼至於乾乾坤者乃坎離之體內呼吸者即坎離之用人若能明乎內呼吸則橐籥自鼓而乾坤自運矣數者乃陰陽升降之度數假呼吸之息數而定卦爻之揲數

薛道

光禪師曰火候抽添思絕塵一爻看過一爻生抽添即眞炁上升下降之旨也絕塵者凡臨機時幻化頓息則眞我不離於炁爻過爻生者喻緜緜不斷之意守陽云隨機默運入元元呼吸分明了卻仙　陳泥丸曰天上分明十二辰人間分作煉丹程若言刻漏無憑信不會元機藥不成天上有十二支之辰位煉丹亦有十二時之火候故六陽用進六陰用退程者每時有一定之度數若言不用息數之漏刻則是傍門外道矣而非金丹也縱能強制升降亦不能結大藥既不用周天之度數又將以何物而為周天乎以明明之刻漏而不悟則是愚之甚也　鍾離祖師曰生成有數有數即乾用九而坤用六也

金谷野人曰周天息數微微數周天即往來返復之義微微數者不著於相順

隨而行火候元機是周天程限之數無差也陳泥丸曰乙陽復卦子時生午後一陰生於姤三十六又二十四沖虛子曰子至巳六時為陽陽合乾故用乾爻乾策乾爻用九而四揲之為三十六故陽火亦用九同於四揲又註云子丑寅以次皆用四揲之三十六又云午至亥六時為陰陰合坤故用坤爻坤策坤爻用六而四揲之為二十四故陰火亦用六同於四揲又註云午未申以次皆用四揲之二十四又云陽時乾策二百一十六除卯陽沐浴不用乾用實一百八十也陰時坤策一百四十四除酉陰沐浴不用坤用實一百二十也合之得三百息周天之數也閏餘之數在外蓋三百數者實非三百息皆譬喻辭也守陽真人曰子行三十六積得陽爻一百八十數午行二十四合得陰爻一百二十數陽爻六時用九

除卯時不用只得一百八十陰爻六時用六除酉時不用只得一百二十沖虛子曰卯在六陽之中酉在六陰之內調息每至於六時之中可以沐浴即此也悟眞註疏曰子進陽火息火謂之沐浴午退陰符停符謂之沐浴息火停符者停住有作而行自然之妙運非是停住先天而不行是停住後天之武火故履道云十二時中毋令間斷俞玉吾云天道無一息不運丹道無一息間斷故卯酉時不行之中而默運吹噓則子午亦然又重陽云子午沖和連卯酉春冬秋夏相攜沖虛子云世稱沐浴不行火且道吹噓寄向誰要將四正融抽補纔得金丹一粒歸又陸子野註悟眞篇云卯酉不進火但以眞炁薰蒸也而爲沐浴萬古不移曹還陽眞人曰十二時中時時皆有陽火陰符凡進則曰進陽火凡退則曰退陰符亦

以陽用者曰火以陰用者曰符十二時者卽吾身中運周天之時也子已六陽時進陽火午亥六陰時退陰符進則爲升也退則爲降也故進則曰進陽火退則曰退陰符時時皆有陽火陰符者不在沐浴時而亦有沐浴故陽用者曰火陰用者曰符渾然問曰但聞六陽時中沐浴六陰時中沐浴此理可明但不知六陽時中時時有陰符六陰時中時時有陽火此理深微願求教訓華陽云凡行周天之時其後天之氣有迴轉之機故在此迴轉處內藏陰符陽火之秘機旣有六陽六陰之限數焉得一息而運至於天哉縱運亦不成周天之度不合刻漏之法則矣渾然又問曰弟子尚愚迷不識陽火陰符之精微敢再求指教華陽云凡運火之時後天氣進則謂之陽火後天氣退則謂之陰符凡運火陰符沐浴歸根者皆是借後天呼吸之氣以爲周天度數之法則若無其呼吸則不成陰符陽火沐浴歸振矣邱祖師云運行周迴自有徑路不

得中氣斡旋則不轉又沖虛云火候誰云不可傳隨機默運入元元達觀往昔千千聖呼吸分明了卻仙又問曰昔日達磨言二候採牟尼何爲二候云藥生而往外以用息採歸爐爲一候藥既歸爐封固又名一候又問曰何爲四候云升降沐浴即爲四候又問曰何爲之閏餘云即歸根還於下丹田之處故亦有溫養沐浴之位也

沖虛子曰凡一動則一煉而周使機之動而復動者則煉而復煉周而復周此即言凡有烝之動者必須煉之則小周天之火容易止如若不煉則火不能速止而大藥亦不能發生矣古云運罷河車君再睡來朝依舊接天根古皖山合封問曰余自學道今已八旬陽還自動是何故也答曰陽既舉是未得火煉之過耳封曰余得七悟師所傳運於周身四肢運六回陽六回陰左運三百六十右運二百四十豈不是火工華陽曰既是火工八十因何陽還舉此非金丹

乃小法是七悟師當初止汝之念耳如此空運有何益也合封曰金丹之道若何為哉華陽曰金丹之道從陽生時凝神入炁穴鼓起橐籥之巽風息息向爐中吹嘘猶如鐵匠手中抽動一般風生則火焰火焰則精化精化則炁自生矣採此生炁升降往還謂之周天也

又曰積之不過百日則精不漏而返炁矣百日是煉精之名目但凡有二候之機來者則百日可期少而勤者成之速若中年年邁而又不勤者未可定其日期凡有精漏者則未成漏盡通之道如精不漏者則精盡還成炁不死長生之果得矣太邑海會寺方丈僧龍江問曰以此自保守可得楞嚴經漏盡通否華陽云保守只名斷淫心淫身而已知用火化則淫根方斷漏盡通自成則不漏矣然淫根者即外腎也若有舉動即有生死矣

正陽祖師曰果然百日防危險防危險者防時至藥生而神不及知覺則錯過矣或不期

起火之法或昏睡而神不靈此乃失於烹矣或當進火而不進火當退符而不退符當沐浴而不沐浴當止火而不止火當歸根而不歸根則失於造化之機故曰防危險

蕭紫虛曰防火候之差

差失者皆因學人心不誠而意不專若靈臺潔淨火候明白有何失乎古人往往走丹者皆因理未明而心不專故有差失之患

失忌夢寐之昏迷

夢寐昏迷者凡學道之士宜乎先養神神純自然靈覺神若不純睡則生塵妄之心故有夢寐走失之患矣

石杏林曰定裏見丹成

丹之所成者是烹已曾圓滿外腎不舉丹光上湧故有所見也

正陽祖師曰丹熟不須行火候更行火候必傷丹

丹熟是有止火之候到故謂之熟既知熟矣當用採大藥之法則小周天之工法無所用矣若再用小周天丹不傷乎

蕭紫虛曰切忌不須行火候

不知止足必傾危凡煉丹若不知止足必傾危之患也昔日白玉蟾六十四歲下工已到止火之候未及採藥則已傾危矣又邱眞人到止火之候未防其險則夜自走失又曹還陽眞人會親偶見此止火之景未及採取亦以走失元陽矣故崔公云受炁吉防成凶火候足莫傷丹所以紫陽云未煉還丹須速煉煉了還須知止足若也持盈未已心不免一朝遭殆辱

此皆言小周天造化火到丹熟止火之候也止者不行升降也然雖不行升降時刻不可須臾離火常常溫火薰蒸離則亦自走矣

沖虛眞人曰有止火之景此乃止火之時採大藥之候也須求眞師口授方能出爐若無眞傳不知採取之法不知採取之時故景不得矣得眞傳知採法景到又不可不知也若傍門認取眼光靜坐慧光千百種光則錯之甚矣若前此不知坎離交媾之法丹田則無藥而外腎亦不能如

馬陰藏之形縱有外光發現此非丹田之苗也蓋屬想妄而發矣若眞能成馬陰藏形者自有異常之景故純陽祖師云曲江上月華瑩淨又翠虛篇云西南路上月華明大藥還從此處生俞玉吾云西南屬坤坤爲腹藥生於丹田之時陽炁上達麗於目而有光故自目至臍一路皆虛白晃耀如月華之明也

守陽眞人曰且待其景到之多而止大藥必得矣又曰初煉精時得景而不知猛吃一驚而已乃再靜而景再至猛醒曰師言當止火也可惜當面錯過又靜又至則知止火用採而即得矣是採在於三至也今而後當如之及後再煉不誤景初而止失之速若待景至四而止失之遲不

速不遲之中而止火得藥衝關而點化陽神凡有眞修仙眞千辛萬苦萬萬般可憐煉成金丹豈可輕忽致令傾危哉

自古聖眞不泄止火之眞候亦不泄採大藥之眞景眞候眞景獨賴沖虛守虛二眞人泄萬古不泄之天機今則盡泄矣但後學無有不沾二眞人之恩此此乃明言直論不必重加註腳後學因緣若至財侶雙備速早下工求取大藥煉炁化神參明三至則大藥可得神可化而仙成矣如或不透再覓沖虛眞人之秘文參合宗之九章則大周天之造化其情無不明白矣此以上盡屬調藥煉精化炁成金丹之造化而逐節工法之口訣盡備於此矣但經中所言後天呼吸之氣者必待師傳方敢自用非是著於口鼻亦非閉氣於丹田著此二者俱屬於傍門非金丹也凡借後天之息以爲吹噓逼運者是炁穴之內有生機之動者因此而調息

既調炁穴內之眞息而後天之息則自然而至於炁穴相兼相連以同動矣然古人或以單言後天之息則先天之息無有不得其機而妄用後天或單言先天之息則後天之息無有不借其機而能用先天故先後原有兼連之消息凡調息之時其神專重於先天之炁內以鎔化行住起止不過借後天之息以爲鎔化行住起止之權先天之炁既有生機若不得後天則先天亦不能自鎔化行住起止矣凡四方有學道之同志者果知造化之機不問先天與後天若臨時能用消息二字者則先天後天有不待辨而能自明矣 此以上皆言煉精化炁成金丹之元功風火同用之妙旨盡在斯歟余不敢謂此集爲自論之妙道然皆會萃先聖之眞傳即後來萬劫高眞用風用火之根本使見之者即自

了悟契合仙佛之眞旨成已成人仙佛之果證矣

效驗說第七 盡言小藥產景

華陽曰以前六章藥物爐鼎火候無不表明矣但藥產之景尚有未全此篇重以發明願有志之士早成大道是余夙所懷之志也且藥產之效驗非暫時可得至眞之道在乎逐日凝神返照炁穴之工純熟而後有來之機緘夫或一月元關顯露或數月丹田無音遲早各殊而貴乎微陽勤生不失調藥之工夫則藥產自有驗矣

且炁滿藥靈一靜則天機發動自然而然週身融和穌緜快樂從十指漸漸至於身體吾身自然發直如巖石之峙高山吾心自然虛靜如秋月之澄碧水癢生毫竅身心快樂陽物勃然而舉丹田暖融融忽然一吼神炁如磁石之相翕意息如蟄蟲之相含其中景象難以形容歌曰奇哉怪哉元關頓變了似婦人受胎呼吸偶然斷身心樂容腮神炁真渾合萬竅千脈開盡此時不覺入於窈冥渾渾淪淪天地人我莫知所之而又非無爲

竅冥之中神自不肯捨其炁炁自不肯離其神自然而
然紐結一團其中造化似施似翕而實未見其施翕似
走似泄而實未至於走泄融融洽洽其妙不可勝比所
謂一陽初動有無窮之消息少焉恍恍惚惚心已復靈
呼吸復起元竅之炁自下往後而行腎管之根毛際之
間癢生快樂實不能禁止所謂炁滿任督自開又云運
行自有徑路此之謂也迅時速採烹煉烹煉復靜動而
復煉循環不已少年不消月餘中年不過百日結成金

丹豈不樂哉此一篇故不當安於此效驗原是調藥後之事理當安於調藥之下因句法多之故耳讀者當默會於調藥之下假若有此效驗不可認爲怪事即是藥產之眞景當自保護眞種矣

總說第八

夫金丹之道從靜而入至動而取若不靜則神不靈而炁亦不眞於此妄煉即屬後天與先天虛無金丹之道不相契也蓋靜者大道之體造化之根唯靜則可以煉不靜則識性夾雜終與道相違矣故幻丹走泄而道不成就者皆由未靜而夾於識之過也夫靜者靜其性也

性能虛靜塵念不生則眞機自動動者非心動是炁出
動也炁機既然發動則當以靜應之一動一靜不失機
緘是謂調藥是謂交合行乎造化性命雙鎔是謂眞旨
妙用矣苟或專以靜而不識動或專以動而不復靜皆
非正理也次當明其藥產老嫩老則炁散不升嫩則炁
微不升務在靜候動旺始採是謂當令故曰時至神知
以順行之時候即逆行之時候矣故又曰藥炁馳外則
外別有景前所謂調藥用之日久者是爲虛耗之軀言

之耳若壯旺之體只於運周天之當時調之不用日久若調之日久不運周天則陽極而精滿滿則又溢矣不知法則活而訣則一故童眞只用大周天不必用小周天壯旺之體雖不可不用小周天亦不必調之日久只候藥產景到時調其老嫩凡元炁一動何陽之長旺即當採封運行周天運而復靜動而復運循環不已是謂之進退行火是謂之採取周天也勤行不惰道有何難哉故曰丹田直至泥丸頂自在河車已百遭又云以虛

危穴起以虛危穴止蓋虛危穴卽任督二脈之交處立斗柄運河車皆由此而起止故沖虛曰起於是止亦於是且運必假呼吸而吹之若不以呼吸吹噓則神炁不能如法似有似無合乎自然相依之運行蓋行以神爲之主宰不見有炁之形迹元炁乃無形之行隨元神之運行聽呼吸之催逼故曰夾脊尾閭空寄信而呼吸乃採運元炁之法則逆吹微緩謂之文火緊重謂之武火數息運元炁者爲爻爲時爲度爲位而周天之造化以

此爲規模非眞有三百六十有餘也故曰每時四揲所以然者使其水火不致太過不及也是範圍元炁而成其度數爲造化之總序耳故曰以息數定時數也或又問爐鼎道路藥物火候曰能此虛危任督運用卽爐鼎道路明此陽動升降卽藥物火候而道卽在是也除此皆非正理盡屬筌蹄惑人矣借筌蹄獲魚兔謂筌蹄爲魚兔則誤也去筌蹄專魚兔朝採暮煉自然精化炁足丹成景至再行向上工夫煉炁化神超凡入聖出定于

百億化身皆可由此書而上達矣

調藥煉精成金圖第九

若問金丹消息路　發火周天原此穴

眞妙訣　調藥法

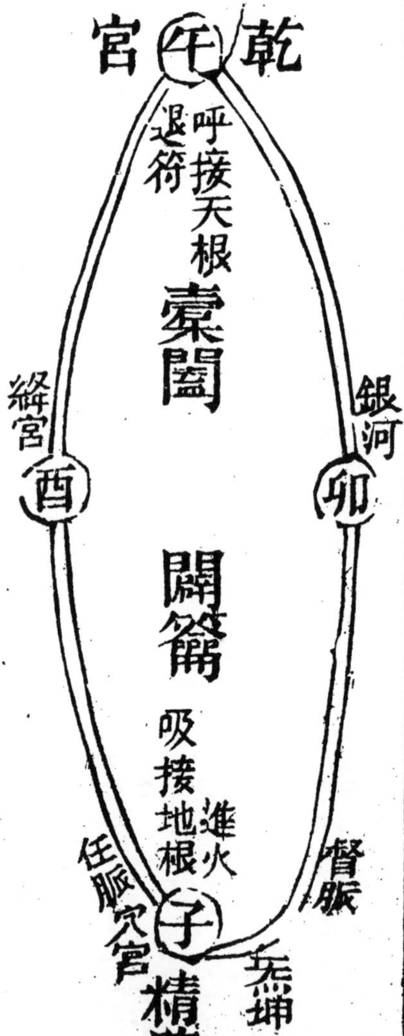

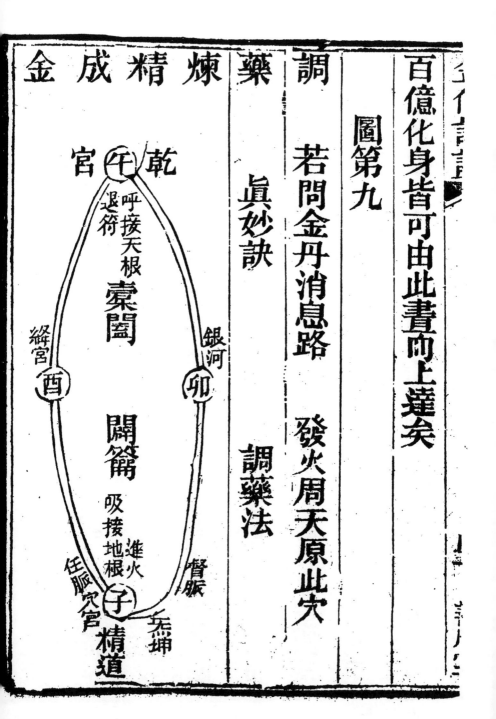

丹　了然明　煉精所

圖　教君這裏覓根由　運行沐浴及歸根

圖說第十

金丹之道前八篇已盡之矣尚恐學者不知竅妙故備此圖以補全書之要訣願有志者一覽無疑不爲舊圖所惑庶知陽生在此調藥在此鼓巽風在此藥產在此採取在此歸爐在此駕河車在此還本復位在此金丹造化之元功莫不在此矣然竅本無無形自無而生有則

謂之元關中宮天心其稱名固不一也夫虛無之竅內含天然眞宰則謂之君火眞火眞性元神亦是無形靜則集氤氳而棲眞養息宰生生化化之原動則引精華而向外發散每活子時二候之許其竅旋發旋無故曰元關難言其炁之行後通乎督脈前通乎任脈中通乎衝脈橫通乎帶脈上通乎心下通乎陽關上後通乎腎上前通乎臍散則透於週身爲百脈之總根故謂之先天其穴無形無影炁發則成竅機息則渺茫以待成全

八脈則八脈湊成共拱一穴為造化之樞紐名曰炁穴譬如北辰居所衆星旋繞護衛即古人所謂竅中竅也竅即丹田上乃金鼎鼎稍上即黃庭竅下即關元古謂上黃庭下關元是也關元下即陽關亦名命門乃男女泄精之處腎管之根由此而生但黃庭金鼎炁穴關元四穴俱是無形若執形求之則謬矣又謂夾脊兩腎中藏元炁則亦謬矣此書圖之所作實發古人所不盡泄之旨而又有以闢其誕妄也

顧命說第十一 此煉已立基之首務

夫顧命者乃是收視返聽凝神聚炁之法豈有他術哉古聖有言曰命由性修性由命立命者炁也性者神也炁則本不離神神則有時離炁俞玉吾云心虛則神凝神凝則炁聚欲其炁之常聚而不散者總在爐火勿失溫養其元使神炁如子母之相戀左慈云子午顧關元元即命之蔕也若不顧守則火冷炁散久而命亡矣黃帝云存心於內眞炁自然沖和不死故性命二者不可

須臾相離也離則屬於孤偏矣崔公云十二時意所到皆可爲混然曰無晝無夜念茲在茲常惺惺地動念以行火息念以温養火玉蟾云神卽火炁卽藥以神馭炁而成道卽以火煉藥而成丹有藥無火則水冷而炁不生火養鍋底則水暖而炁自騰古云火燒苦海泄天機紅爐白雪滿空飛雪卽炁也故炁因火而升火因風而灼十二時中迴光返照刻刻以無烟之火薰蒸使性命同宮神炁同爐緜緜息息似有似無內外混合打成一

片黃帝曰火者神也息者風也以風吹火久煉形神俱妙人能如此何憂命之不固也夫命之元炁乃月魄神之靈光乃日魂以魂伏魄則先天之炁自然發生人多不測造化盲修瞎煉性命各宿孤陰寡陽自謂長生得道而不知其違道甚遠也夫修煉者方入室之時當外除耳目內絕思慮眞念內守使一點元神渾渾淪淪隨其形體榮枯聽其虛靈自然融然乎流通湛然乎空寂於此常覺常悟冥心內照防其昏沉昧乎正念參同契

云眞人潛深淵浮游守規中規中指元關一竅也然又不可執著以致眞陽不生其妙總在不急不怠勿助勿忘而已清靜經云空無所空寂無所寂眞常應物果如此則神炁渾然如一恍恍惚惚若太虛然古云先天一炁從太虛而來者卽此也夫機之未發靜以俟之炁之既動以神聚之而顧命之旨盡在斯矣

風火煉精賦第十二 總言大小周天

煉者造化之工精者變化之源火因風而焰灼精得火

以鎔鉛勒陽關謂之調藥攝炁歸卽是還元察其機撥轂精而調燮辨其候運百脈以歸源會其源則神炁相依鼓其風則眞精朝元夫精者乃天地之源造化之本逢時節而旋機動得火以磁戀達關竅而流變泄吹風則還壺是故坎宮森布元神攝而徘徊離中橐籥眞炁旋而運轉爐內火逼白虎朝於靈臺鼎中水融青龍遊於深淵陽關禁閉元竅門開果然風火旣同爐久而水暖自生霞月華吐則汞引鉛而鉛引汞日精射則蛇交

龜而龜交蛇造化之變遷兮待靜觀動藥物之老嫩兮
伺機聽命杳冥中起恍惚中迎自無炁而生炁本無名
而喻名知其時者能奪天地之眞炁順其機者即有升
降之法程薰之煉之則超凡而入聖品食之饘之化枯
骨以登太清嗟呼今之學者奔山駕海坦坦之大路偏
過勞形兀坐赫赫之明珠抛播利馳而名謾德薄而垢
重識性以妄談去正而歸左彼夫道本至近情隔遙偏
理自不遠性失違天殊不知精者炁之融風者息之源

火者神之靈煉者會之壇以風而扇火則老還少而形長存以烝而留神以神而運息則情復性而神自純自然可與赤松彭祖之優尊

禪機賦第十三

恐後世學禪者不明佛之正法反謂吾非禪道故留此以為憑證耳

道者化育天地法者返本還原柄動靜而同用隨有無而自然體本來之眞覺威音恍惚持無生之妙用極樂幽元顯優曇之家風秋水皎月隱惠能之法語春霧藏煙是故浮雲散而天心現濛雨開而壁峰存潭水清兮

澄月澈黑漆鏐兮物形明情冥而禪心定意灰而性朗
清若夫黃芽白雪當求元關之妙義地湧天花即鑿混
淪之面目會則有散則無出爲塵入爲默有情下種乃
如來之妙用無法枯禪即道人之頑空水清月現達龍
宮而演法風傳花信坐竭陀而受供朗朗兮皆拱北蕩
蕩兮盡歸東降蛟龍於北海兮烈熖騰空伏猛虎於南
山兮洪雨普濟搏虛空而作塊兮刀兵奚傷收毫芒而
藏身兮鬼神莫測展則包羅天地定則入於微塵悟之

者頓超上乘之法迷之者帶了六道之根禪固自參無非一念之定靜機由師授能吸法水之鴻滋正法眼藏盡憶祖師之秘旨涅槃妙心微露如來之淺辭由是能宣漏盡之法方稱馬陰之師爾乃機來有時非頑空而長坐禪主斗柄見明星而團旋靈臺極樂通行菩提之坡淨土家鄉秘鎖慧命之奧教外有因不明元機苦勞累世魔婆謾守三元強留一宿闇通密印關鎖識重習少者則日不然不然突然朗見者乃云如是如是慧性

靈而道眼開頭頭盡是魔王迷而法竅閉處處皆偏人有迷悟佛無後先達之者融會天機迷之者執定死禪打七跑香卽禪和夙業之責黃花翠竹乃高人得意之時千里因緣若至方曉禪外之規偶逢法破鐵牛血笑殺禪機有兩期

妙訣歌第十四 大小周天

大道淵微兮現在目前自古上達兮莫非師傳渺漠多喻兮究竟都是偏片言萬卷兮下手在先天有名無相

兮元炁本虛然陽來微微兮物舉外形旋恍惚夢覺兮神移入丹田鼓動巽風兮調藥未採先無中生有兮天機現目前虎吸龍魂兮時至本自然身心恍惚兮四肢穌如緜藥產神知兮正是候清源火逼金行兮橐籥憑巽旋河車運轉兮進火提眞鉛周天息數兮四揲逢時遷沐浴卯酉兮子午中潛歸根復命兮閏餘周天數足三百兮景兆眉前止火機來兮光候三牽雙眸秘密兮專視中田大藥難採兮七日緜緜蹊路防危兮機關最

元深求哀哀兮早覓眞傳擇人而授兮海誓相言過關服食兮全仗德先寂照十月兮不昧覺禪二炁休休兮性定胎圓陽純陰盡兮雪花飄遷超出三界兮乳哺在上田無去無來兮坦蕩逍遙仙夙緣偶逢兮早修莫挨年休待老來臨頭兮枯骨無資空熬煎

論道德沖和第十五

道高龍虎伏德重鬼神欽斯言也蓋道以載德德以植道也夫道者德之用德者道之體人能明乎其德而天

性自現體乎其道而沖和自運是之謂寂然不動感而遂通也蓋人稟虛靈原本純靜至德體納太和渾然一團天理一發皆能中節何勞修乎但人被情欲之私所隔忘本逐末竟昧其眞故元和之正炁純靜之天心失矣所以聖人表虛極而養已德論易理以明天道則盡性致命之學可以窮神知化矣然學者欲體乎道德當尋來時之消息而窮本然之根苗欲探造化之機緘須察遲促之景象則臨時有把柄而無危險之患然後得

人道德之門可造沖和之境矣蓋至人能權動靜之消息須用智慧而渾然無我故能默運化育之道長定中正之理活活潑潑則隨中極之沖和而充塞乎兩間達道遙之境樂無何有之鄉大至默默還乎無極此乃至人之大德也苟內懷私欲外沽名譽假善法以遮雨闇取泥水之資非為無德實賊德也唯天地滋萬物而無心聖人順萬物而無為亦何期德之洋溢乎古聖云德者性道中求之耳夫德非道則無著道非德則無主道

外覓德其德遠矣培德體道其功切矣故曰天心居北極而眾星拱東海納細流而百派歸人若能靜心養炁何慮道德之不成哉吾嘗自內觀而無心外覓而無體飄飄乎尋之不得恍恍乎覺而虛靈似魚之隨水如霧之籠煙一派冲和榮衛天地但人不能深進故本然之道昧卻矣縱原文奧辭無非口頭三昧又烏能盡道德之本然明體用之精微解冲和之奧妙哉

火候次序第十六 盡言小周天

夫道從煉已起手次下手調藥既了手行周天三事非一也已熟或坐或臥不覺忽然陽生即迴光返照凝神入炁穴息息歸根此神炁欲交未交之時存神用息緜緜若存念茲在茲此即謂之武火矣神炁既交陽炁已定又當忘息忘意用文火養之不息而噓不存而照方得藥產但忘息即不能以火薰之但用息即是不忘息無不泯之謂噓欲噓不覺之謂忘但用意即是不忘但忘即不能以意照之古云心無不存之謂照欲無不泯

之謂忘忘與照一而二二而一當忘之時其心湛然未常不照當照之時纖毫不立未常不忘是謂眞忘眞照也此卽謂之文火矣文火旣足夜半忽然藥產神知光透簾帷陽物勃然而擧卽當採封運行採運之時存神用息逆吹炁穴謂之武火也封沐歸根卽用上文文火之法照顧温養之謂之文火矣但不在交媾與周天之時俱是用文火之法以時刻温養之而煉已之工亦是用此法不然不能還虛然陽生謂之活子時而藥產亦

謂之活子時兩段工夫當明次序而運周天謂之周天之子時用火調藥煉藥謂之火之活子時也然候者亦非一說不論陽生及藥產但有炁動者卽爲一候以神用炁又爲一候此乃神炁會合之二候也又曰陽生爲一候而藥產又爲一候此乃藥炁所生之時節之二候也故曰二候採牟尼者卽此也藥炁旣產往外採歸爐爲一候而爐中封固又爲一候亦謂之二候採牟尼升降沐浴謂之四候總謂之六候此乃周天一時工法所

用之六候也候雖多亦不必執著不過是陽生調藥調到烝滿藥產時採歸運行子卯午酉歸根卽是也然其中候法亦要明白當用呼吸變文武火之時候不明白則文武不能如法所謂火候不傳者非不傳也卽此難言也夫火是火候是候豈混而一言之其中文武火候逐節工法師所傳之口訣盡備此書余雖爲僧自幼覓此道勵志江湖三十餘年方得全旨後人有緣遇之不要三日卽明乎斯道則不爲誣徒所惑矣 華陽云此篇重所言候者

非余之好事也因羣書所言候者前後混雜則令人實難悟余前文雖表六候者尚不能決人之疑故添此篇以決同志讀羣書候之疑病也

任督二脈圖第十七

折開隱閉天仙訣
得覩嘎嘎笑

任督二脈圖

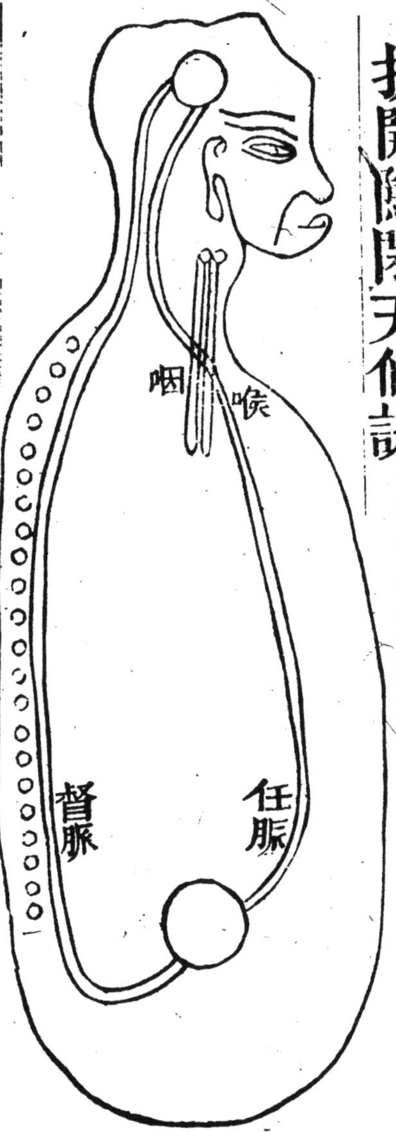

垂露源頭佛祖機
存行步步真

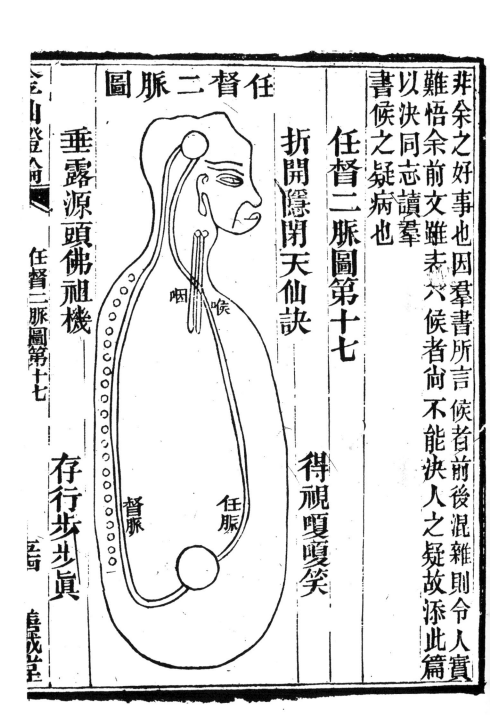

華陽曰此圖直泄元機實願得藥之士不失運行之路丹道最秘非余之敢妄泄也古聖雖無圖卻有言存留奈何不全之過耳又因舊說謂督脈在脊骨外而任脈止於上下唇此二說皆俗醫之妄指豈知仙家說任督實親自在脈中所行過以為證驗非但行一囘也金丹神炁之元妙必要在脈中所行過數百囘方得成就謬妄不但俗醫亂指今之修元者亦此謬妄亂指愈加紛紛苟不親自領會境遇妄億猜指淺學信受誤喪勵志

豈不痛哉故余將師所授之訣以親自領會之熟境畫圖以證其非然而此圖一出遊方之士與那假道學則無容身之地

決疑第十八

僧豁然七問

問之一曰弟子愚暗蒙老師傳授火化斷淫之法行四個月得景海中火發對斗明星又蒙傳授法輪常轉之密語行持五十日淫根自斷永無生機反照北海猶如

化銀之光其光浩蕩射目自知成舍利子矣弟子昔在打七一門不見成道反人人吐血是何故也答曰自如來開化西天二十八祖東土六代并無此門乃僧高峯門人誣揑抗害後人況高峯所習是閉息之傍門何見得也高峯自曰忍氣急即殺人云吐血因跑香忍氣傷其臟腑坐打香板傷其脊絡就是盧醫扁鵲莫能救之問之三曰參禪問話頭不見成道何也答曰如來有所問試者是看學人性道明與未明明則教外別傳慧命

不得慧命無所成也

問之三曰專念經念佛不見成道何也答曰經路徑也佛名字也譬喻考試官欲取第一名求聖人唱四書可進否六祖云東方人造孽念佛求生西方西方人造孽念佛往生何方

問之四曰我釋教參禪人灰心長坐不起欲念凡有走漏不能成堅固之體是何故也答曰為人至十六歲關竅開既開無有不走泄之理况且念經傷其中氣枯坐

心腎又不能交會走漏格外多矣所以近代出家人反得瘥症水枯吐血枯目皆謂此也堅固實有火化之法譬喻鐺水在上灶火在下水得火自然變化為炁矣如來云火化以後收取舍利實有眞傳也

問之五曰今之參禪人而不問走泄之事自言修道可得成道否答曰天上未有走泄身子之佛祖走泄一同與凡夫交姤一同其理一也故無所成矣

問之六曰佛是何法起手答曰佛以對斗明星起手對

卽中華返觀是也斗卽北斗丹田是也明星卽丹田之炁發見是也不對斗明星萬萬不能成道釋教下手一著最秘吾今全露爾當默思默思

問之七曰今之釋教傳法得者以爲出頭自稱爲大和尙可是眞法否答曰得者如夢得金稱者如戲臺上漢高祖楚霸王何曾有實也自達摩六祖以口傳心授故五祖云密附本音今之所傳紙上傳某僧某僧之名爲傳法志者觀之嗄嗄一笑而已

王會然七問

問之一曰弟子蒙老師傳授下手工夫修煉兩月得藥產之景又蒙傳授周天之口訣行運三月外腎不舉丹田常自溫暖自知丹成矣不知別門亦有可成之理否

答曰不得神炁交合產出眞種萬物所成或有行之專者無非卻病所謂萬般差別法總與金丹事不同

問之二曰有一先生自言得藥產之景能以升降又長坐數十年凡有走漏不結丹何也答曰雖得藥產不知

火候雖是升降不知闔闢度數强運故不結也

問之三曰有一位言教人凝神入炁穴陽生之時後升前降不結何也答曰不知起手之法無藥先行升降水火煮空鐺故此不結也

問之四曰有一位言陽生之時以舌抵住齒往上提之吞津降下不結何也答曰此陽乃微陽非藥產之陽升降無用况又不知道路亂提起邪火必得吐血之症吞乃有形之物落於腸出二便有何益也

問之五曰有一假道人教人陽生時用息採之一息採一息封謂之二候左邊上右邊下一息一轉謂之一周天不結何也答曰此一非傍門乃未得訣者自誣造作此言誑哄愚夫耳眞人云凡流不知道運行由五臟而循環非周天也故此不結矣

問之六曰專凝神在炁穴能出陰神不結丹何也答曰不知陽生用呼吸之法故不結也

問之七曰不打七亦吐血得疾病何也答曰誤信盲師

之過耳沖虛祖師云外道邪法行氣必至有病何以爲病升提太遲重則提爲邪火其病頭暈病目赤腫翳障病咳嗽痰火吐血病癰瘡等症若降下而遲重則逼沉精氣貫入腎子爲疼痛偏墜病腹脹水蠱脹病等症上下兩病皆致人速死

了然五問

問之一曰弟子傍門外道不必問矣願聞正道之火候有鍾離云乾用九坤用六可是此理也答曰而名是法不是

問之二曰沖虛謂子行三十六年行二十四可是此理也答曰而名是訣不是

問之三曰眞人謂陽爻一百八十陰爻一百二十可是此理也答曰而名是事不是

問之四曰許旌陽謂陽用二百一十六陰用一百四十四可是此理也答曰而名是火不是

問之五曰其四非也答曰道最重在口傳不得眞傳四皆非矣如果得眞師其四俱眞不但四眞千眞萬聖俱合此火之元妙而三教成道者亦此火之元妙

華陽金仙證論

危險說

此言下手調藥及小周天事也

華陽曰學道者外道紛紛及其成功未有一人何也不得性命之眞傳分門立戶俱是妄爲且今之悟性者不識先天之性落於後天之識性今之修命者不識先天之命落於後天之渣滓是故無所成也

蓋不知其中性命之修持離中之靈曰性坎中之炁曰命奈何靈之進出無時炁之

生而外耗性命不能自合矣故祖師教人以離性去制坎命當其際斂收微細之靈念入於動蒸之所用巽風吹發其中之火煅煉此後天之性命合而爲一則先天之性命自然發現矣故曰修持也

危險之防慮 防之者防其陽生不自靈覺歸爐之後恐精之未化陰氣來役不會煅煉或神光失照或呼吸失噓或藥產不知或升降昏沉散亂或丹成而不知景或溫養失宜或不採大藥等法是也故古人謂百日防危險誠哉是言也

以錯修錯煉之妄爲也 蓋不知金丹之訣總是妄爲所以古人云任他萬般差別法總與金丹事不同

或者聞其性命之門戶 夫門戶者乾坤也乃先天之源內含乎四象故參同契云乾坤

爲門戶坎離爲藥物卽此意也

正理不明根源不透 正理根源卽性命也愚昧夙根於道無緣感於邪師向外求道皆非已之根源也

入於旁門 無數門戶總不知自己之性命故皇經云三萬六千種道以釋來者之心之謂也

執於一邊 且知今之修性者不修己之命則淫根不斷常自下漏與凡夫一般眞可惜矣又有學習吞津液以弄運後天者不知玄關之消息闔闢之機旋雖若知修持亦可惜矣

雖曰歸道奈性命不合神炁不交 且性命神炁一也不會交合則無眞種子矣

縱自修爲不識性命之交合猶自以苦身心如隔靴搔癢有何益乎眞元闇耗蓋陽炁生時不知採取歸爐炁焉有不耗於外乎終歸於無所成也到頭總是空勞矣或有夙緣相逢言語相投知乎調法夫調法者是活子時所來之際用風火之工也其中有文武不知逐節亦無所用矣未能徹乎精微且精微者難言也能自行持玄關之精炁神三者以此不相離不相執知乎輕重轉灣抹角之用法者則妙訣得矣煉己之生浮心不純熟

行功之沉睡（不自靈覺）

及至陽生時（活子時來）

迷而不自靈覺（當面錯過）

炁薰形起（玄關炁之融暖則外腎舉矣）

昧卻採工（因睡之過耳）

炁之極動變而外施（元炁融極之時不採則自欲出關變爲後天矣）

既無主則無所留（主者神也留者息也採工全賴神與呼吸之能也炁既無神息之工安能自住哉）

拱關一旦泄去出陽關矣

安有藥之可調可煉乎心之不誠意之不專返謂炁之不住乃愚夫矣

且既知乎靈覺之調法靈者神也覺者知也法者以神用呼吸攝元炁鈑爐烹煉之工也

而又無所成何也夫丹法有文武若以混用則亦無所成

蓋不知其中丹法之逐節火候之次第逐節次第必要得真傳授方敢無疑自用如陽未生之時存之以神用之以息長敎緜緜不斷息息歸根乃文火之工即古所謂爐中火種也及其陽生以武火採之是用神用息而重之創古曰勒之之謂也且鈑爐之法者亦是神息之相

相住文火之謂也若夫爐中之煅煉者卽動之以意鼓之以風乃武火之工也卽古所謂化精成炁矣至煉後而温養者文火也不得眞傳則不知此中之妙也

是以盲修瞎煉 且學道之粗心人聞師一言便以此爲自得不虛心求於精切及至修時工法已錯亂

不知調藥者 乃起手之法也

武火採之 武火者用息攝炁之法也且炁之生而下行不自逆而上行欲逆而歸乎其源者非息之招攝無能還乎其爐矣故曰降中升升中降卽謂之闔闢之機又曰往來不窮所以五祖師云闔闢不明不能採藥皈爐卽此之謂也

武火煉之

武火者即上文闔闢之機也紫霞問曰煉法之中而又有闔闢何謂也曰闔闢者即採藥煉藥及周天之祕機乃仙佛之密言不得此中之妙則丹無能成矣故古所云大有大闔闢小有小闔闢即此謂也闔闢者乃鼓風化精之具故曰鼓巽風運坤火又太上云天地之間其猶橐籥乎即此之謂也

文火養之

文火者吹噓之養也紫霞問曰吹噓豈不是闔闢乎曰爾所見錯矣吹噓乃後天之氣也闔闢即先後二炁之機也又問曰昔朱子謂一呼一吸謂之闔闢乃後天之說也非大道精微至妙至妙之玄機也請問曰至妙可得聞乎曰闔闢者乃大道二炁相動相應玄關中之消息也有四箇往來故曰往來不窮若以一呼一吸兩箇往來爲闔闢者則有窮焉非眞玄關也又問曰吹噓與闔闢何所分別用法曰吹噓者神炁不動之義也闔闢者神炁俱動之意也夫闔闢之神炁又在乎動於不動之間耳若出

乎玄關之外動者非煉藥之闔闢神炁亦不能相交相合孕爲眞種如凡夫欲生子雌雄在外鼓舞豈不愚乎

忘火以待其自生之故耳夫文火温養之後渾然靜之使陽之再生也

且旣明其逐節曉其煉法何以張脈僨興此乃以前用風火不到處陰氣陰精發生爲走泄之壞景速用武火煅煉煉到無此景象方保無事

無意之慾起此亦是陰精在丹田內作怪使心君安動擾亂主人之故耳卽當用闔闢之法鼓動爐內眞火化此陰精是謂秘密天機救命寶法也故虛靜天師入火鏡云慾心一起速用武火煅煉是也

種種陰魔陰怪來擾魔怪者或現鬼神龍虎等類是也

或沉痲時外陽不舉竟自泄之又何故也此亦煉時用風火少之故耳若勇猛之士信得已及風火用之已到工夫不息則斷無此事矣

此乃火候用不到處盡是陰氣變幻不識此時用武火鼓巽風煆去陰氣之法也如還遇有壞景之來即再用武火煉一次永保無事矣

且夫真修之所爲者外若痴若愚内安然逍遙故曰大智默默無何之鄉

最忌身之勞碌古人云欲靜其心先靜其身誠然也

心之外馳古人云神一出便收囘謂煉也

苟不勤愼則爐火斷而不續失其文火蓋文火者存之其神用之其息緜緜息息皈根之法也平常旣失此法焉能留其炁哉

炁旣無主而無所鈎主者神也鈎者息也

不落下而變爲後天者未之有也夫炁旣無神息之工則自然變而爲有形精故凡人無慾念而亦走洩者無此火煉之故也

此皆因當其際不知有武火爲救護命寶之法也蓋當勞碌外馳之時凡有所勞必當速以煉之故日忙裏偷閒調外藥卽此謂也

蓋其精泄去其炁亦泄之精炁本一也故陰符經云眞炁卽在陰精之內

安得不謂危險哉一場空勞

夫採取明乎二炁夫此採取者即是謂外藥之採取外藥也二炁者先後二炁也先天之炁以得後天之氣招攝方能歸爐故守虛眞人云先天炁不能自皈爐以後天之炁採之即此謂也

陰蹻知乎道路陰蹻者乃攝精之路也正在穀道前膀胱後上通乎丹田是採藥藥之的路故張紫陽八脈經云陰蹻一脈諸聖秘之高人藏之乃仙佛採藥之所又馬天君解大洞經云一陽初動之時運一點眞汞於臍下以迎之即此泄盡矣學者不可不察焉

是爲勒陽關之法也夫陽關者即上文道路之口是也

若夫皈爐之後不知迴風混合葢迴風者迴旋其呼吸之氣以逆吹之

煅煉之法者煅煉者卽上文迴風之法也能自迴風則爐內神炁亦能自混合爲一者矣故我沖

虛祖師云神雖宰炁未知其炁可宰否以迴風混合之又心印經云迴風混合百日工靈卽此謂也

其元精與陰精元精者卽元炁也動爲元精陰精者飲食之精也此精最作怪必假神炁二火合爲一火在爐內鼓動巽風煉化此此精故數雲先生云用丹田自然之呼吸煉之苟不得此訣則精不化

依舊藏而不化在丹田內

陽之暫伏頓然又生名雖調藥實不知爐中調法法卽前文爐內鼓巽風也

然後陽之復生者外舉腎

竟將以前未化之精拱而射之泄矣

則其藥之無所產既無眞種則不能行周天之火也

不思己之精不返謂師之訣不眞自生退

何不悟之甚也此以上盡言調藥之法也

且藥產薰爐之際眞炁在丹田內自交歡融暖鼓動矣

危險大矣哉此處不知正念相就相翕之法必失其交合之機也

彼愚昧因自昏沉不生正覺之故耳

不早自提點夫既調藥早早提點藥產之景來

貪著其樂此樂者與凡樂大別若不知此處交合之法則失其炁之交機空費炁之歡翕譬如凡婦之活子時來者其炁暖融正在無止無底之際欲想交合而失其丈夫豈不歎孤伶乎此是失其生機之故耳

內失其照此卽上文神不去交炁之意

已交將別之時既知此處神炁之交合是謂眞種古仙謂之天然交又當明此處採藥之候若不知此候者是名有候無火喪失止在半息之間豈不危乎

若不卽生復覺者此教人卽速用靈念採之

則昧卻採工矣上文言用靈念採之此又言採工實有異也蓋念止能宰其炁不能攝其炁皈

爐故以神用呼吸採其炁也

所產之眞種卽眞炁也

不能自皈爐爐卽下丹田是也

洋洋乎正在恍蕩之際

竟自泄去累積之工空無所有豈不悲乎一場空勞皆因心之不專

用工時意之不誠此以上言藥產之危險

若夫升降之機又在乎斗柄蓋升降者進退也斗柄者丹田之意也

神息之力也夫神是掖炁同行同住之主息是逼炁退炁之機機不可少主主不可少機主機又

不可少意三物并用方為眞玄妙之修士如缺其一則有危險

炁之行而息不逼有炁無息炁不隨路而行

乃導引旁門如今運氣之外道

非闔闢之道也蓋闔闢者乃大道最妙之天機必得眞師傳之方得其精微

息之應而度不合有息無數息之混行丹不結

乃無知外道如今運後天氣之旁門

非周天之數也周天有三百六十五度四分度之一茍不闔合此度任你運行元炁萬萬不能成丹

不但炁之不結炁散於別絡

亦費藥之空生可惜當面錯過

則周天之危險卽藏其內矣此以上盡言周天之危險

夫藥之歸爐蓋爐者下丹田亦謂中宮

若文火之失薰蒸時刻之吹噓

則陰氣又存之陰氣者因丹田火不到之過耳

諸般怪現皆由此之故也諸般怪現如陰人鬼神卽當用武風吹之以武火煉之不

然陰氣勝陽炁埋藏則有危險之病矣

且平常無事若失其薰蒸（時刻用息噓之）

誤食香辣（丹之成時忌香辣乃散烝之危險）

勞其身心（身心有勞則爐火不勤有危險之病出）

昧其動靜（葢動靜者非心意之動也乃丹田之烝動若不知動而收靜而薰則丹有危險矣）

丹則異生（不知不覺）

或時迫爐而出（葢爐者丹田也丹之已成全在神光之護持呼吸之薰蒸若一時失檢點頃刻烝從丹田紛出或走於身前或走於身後諸竅皆可藏之不得其訣者無能復皈其爐卽謂之走丹或問曰以何訣收之答曰[illegible]靜定而待之且看丹之從何路出去而藏於何所已知其的處再用微呼吸吹於

丹田用意從的處從原路引而皈爐

或一引或數引謂之收丹之法也

或時火生火生者因飲食有動火之物或熱水浴身此二者引動丹火不得其法亦是走丹之危險

或問曰何法能救之答曰存想一黑雲懸

於目前以神引入於丹田其火則自退矣

或時見水生或陰人現象夫水生陰人者即陰氣也因呼吸之火斷續故有此景來

或問曰用何法救之答曰急用呼吸之息以

武而吹之不見此壞景丹復光明方為美事

若不得其法救之喪失在頃刻之間夫烝之滿而丹成

其危險者在當止不止不當止而止之訣焉法在以前風火經中

若夫火之圓足又勤勤於薰蒸即呼吸之逆吹噓也

相護於性命即以神返照也

或有意放則汞散鉛冷又是陰氣來矣

丹之怪異不又重生乎如上陰氣之變化一般

非師之訣不眞乃已之失照然丹已成者急於超脫若貪著塵俗待以年月一時不覺丹之逭爐汞飛鉛走哀哉空空已乎余願同志者將此危險審而察之細而悟之精而行之則汞保無失矣

此以前有十五段內有三十五條細數難以表明看

別經方知全旨細看熟玩然後用工時方免危險之
病

後危險說

自古丹書多引而不發欲求其全訣全火者尤難之學者雖從末由豈不可歎哉故予前危險說補金仙證論及慧命書所不足之處使苦志者得下手調藥及小周天之工法也夫篇中所謂凝神者是凝於道心之所道心而得人心之翕聚則元炁聚而不散爲孕藥之工郎爲雙修性命之苗也夫神既凝住炁穴而炁穴之神不又有當知乎蓋覺其呼吸之往來是爲煉精之風火也

且神又不可泛馳於外息又不可斷續無噓神息之相煉動靜之相依不出乎範圍不執乎有無是謂化精之訣也且又當知乎神安於陽動之所以協乎其機莫離乎其炁炁化之所在即神安之所在也篇中又曰武火者是採藥煉藥煉陰精之妙訣內外呼吸之秘機故曰闔闢其妙在乎三炁逆用之工故謂之採外藥矣且煉之者是化精也即玄關之中意鼓息吹之玄機謂之闔闢即所謂鼓巽風運坤火又云風輪激動產真鉛因坎

中之陰精難以制伏便使風火而化之神炁相摩而激之如二物之相摩而生火也悟一子云欲降而靜之必先激而動之此誠言其妙訣是指玄關中神炁氣三物相動相激之機歟且爐內神炁既以相煉不可息乎其風不可出乎其外不可離乎其炁神炁之二意同此相翕如雌雄交合當其際二物周身之意盡歸於此處如此得法調藥何患精之不化慾之不死而眞種不產者哉且又曰煉陰精者謂人食五穀百味所化之精華名

曰津液是滋養五臟之後天皆屬渣滓晝夜滋潤乎周身而至於丹田者則爲陰精也此精時刻作怪攪亂心君引動元炁之散泄所謂煉之者因有先覺之壞景來前即當以後天之神火注於爐中是爲火種火引也便使橐籥之鼓風以風扇火以火鼓動先天元炁之眞火二火之相摩相激陽火勝乎陰精融透周身何患精之不化怪之不滅道之不成者哉且又曰文火者乃神炁相定而不動之旨也眞人云修之首務潛之深淵韜明

養晦而後可以善其用也夫既曰不動而又曰文火者何謂也蓋神炁雖曰不動而呼吸之氣又在此吹噓緜緜不斷之旨也古曰吹噓曰溫養是定而噓之意也且火得風之所噓火不息冷藥則融而溫暖故文武火者調藥之的旨也夫藥既調而自產者莫當去其武而用其文歟不知藥產時呼吸之文武火俱無所用也故曰定息候眞鉛夫既曰不用呼吸之火而藥之產豈不散歟蓋妙在乎神炁之相就相照相顧之旨也且當此際

藥之老嫩鉛之遲早又必叩乎秘傳相合相離之機採取安敢妄泄哉然採取之訣非用武火藥焉能歸爐哉夫升降之火兼文武而用之故曰柔而變剛剛而變柔剛柔乃丹道之妙旨及乎六陽吸機之入而升是謂武然呼機之回而定即屬文且以六陰呼機之退而降是謂武然吸機之進而定即屬文故曰時時有沐浴者此也蓋卯酉者去武全文不息息中而闔息息者謂養其生殺之機也且子午妙在於升降而又云有沐浴者是

謂一時八刻而一日有百刻謂此四刻卽屬乎沐浴之法也且歸根之文火薰蒸補助乃養丹之的旨爲返照之工夫而丹之成時去武火用文火是謂薰蒸養丹之法也

嘉慶四年端陽前五日華陽著於北京仁壽寺

增註說

書有可註者謂本書藏密之未明也而破章立說必先得其眞師之授受事理透徹已工有所成然後發筆顯然明白與前書合一則曰註矣若事理不徹而已工無所成以時文套語冒妄杜撰經自爲經註自爲註何足爲註哉書有不必註者謂本書顯然已註明者何煩畫蛇添足而再註也若强生妄說以爲已之聰明不得眞師而內丹無所成傍解瞎摩則反爲壞書之藥引實乃

害眾之病根者歟若金仙證論與慧命經之原體本已直切又恐學者錯認門戶重加親註道合仙佛之眞機工用自已之效驗誠爲二門登堂入室之良方者矣非余之好事者是違後人之妄註也反覆訣之明白重疊顯修之眞工仙佛微細之實事無一字一事而不盡洩與此二書之中矣是書得保全兩家悟徹根源則不外乎大道而同歸究竟自已之性命者矣名雖分仙佛而用之眞工實則一也尊師之所集原以願宗從之所好

而不失性命免落偏枯之見立今刦以成大道願謝不
煩欠師缺工妄註者之所增也以此戒云毋勞再註

柳華陽真人譔

慧命經

善成堂藏板

敘

生可必乎自古無不死之聖賢生不可必乎世尊何以云能不死阿羅漢易曰天地絪緼萬物化醇男女構精萬物化生又曰有男女然後有夫婦有夫婦然後有父子君臣上下而禮義有所錯故古聖人於男女之際謹夫婦戒容止三致意焉所以尊生也而況爲佛氏之教者旣以清淨慈悲爲主更當求不死之道如阿羅漢矣但其道豈無所指授而能得哉茲華陽和尙者向有金

仙證論一書鹽官吳君旣悅其言而爲之序會予以署
協篆至皖城又以慧命經索弁言閱其目自漏盡圖至
決疑凡十有四其言曰不識性命則大道無所成從古
佛祖莫不由性命爲修煉修者以破而補圖煉者以火
而化物火非風則不灼物無所則失居是故至人參乎
大道修乎性命風火與物并而同用心腎相合卽是性
命合一命者根於腎腎動則水也性者根于心心動則
火也以火入於水中則慧命不致外耗以風吹火變化

而成眞種修眞種而成舍利此其大指也其中眞寶參
第之工夫有下手時轉手時了手時撤手時等法遵榜
嚴之漏盡表華嚴之奧旨合諸經之散言明此雙修之
天機不墮旁門一片婆心盡在此書矣今而後道成壽
允安知華陽之不如佛弟子迦葉任世七百年而遇世
尊寶掌和尚任世一千七百十二年而遇達摩也寂無
禪師而後非華陽其孰能以淺近喻至道以顯露洩秘
理而傳後世於無窮哉予故樂得而爲之敘且付諸梓

云時
乾隆甲寅冬初庚辰科會元
欽賜探花及第
御前侍衛
誥封通議大夫原任浙江黃巖鎮總兵官
誥封武顯將軍署理安慶協副將孫廷璧
敘

慧命經自序

華陽洪都之鄉人也幼而好佛因入梵宇有悟常懷方外想見僧輒喜一旦聞長者曰昔五祖三更時私授六祖道側聽歡然憬如夢覺始知修煉家必賴師傳乃尋求不已足跡遍荊楚間迄無所遇後乃投皖水之雙蓮寺落髮愈加諮訪凡三教之師靡不參究竟無悉慧命之旨者因自歎曰人身難得遂此虛度乎忽發一念於每夕二鼓五體投地盟誓虔叩

上蒼務求必得閱及半載幸遇合伍沖虛師傳余秘旨豁
然通悟乃知慧命之道卽我所本有之靈物嗣至匡廬
又遇壺雲老師竊聆論緒知爲非常人勤懇聽受繼以
哀籲師乃大發鴻慈開悟微密中邊奧竅罔不周徹及
余臨行師囑曰佛教雙修今已斷滅了當續其命脈以
度有緣余隱跡江左與二三道侶焚修切究因碧蟾了
然瓊玉眞元苦修已成舍利默契師傳故纂集是書命
曰慧命經畫圖立相開古佛之秘密泄師祖之元機洵

接引後學之梯筏也余見世之求道者多宗語錄而語錄中有實語者有妄語者彼下學不知如來慧命之道誤入套語口禪終爲下愚轉受語錄之害余遍閱諸經與師傳印證有楞嚴華嚴壇經乃實語也禪師語錄和尚語錄乃妄語也夫修煉之道非實語不足以證眞詮非實語不足以闢虛妄虛妄勝則魔障生雖有智賢無所從入千百年來慧命之道深秘單傳卒難窺覺今以淺率之言將佛寶流傳和盤托出俾世之學者覩此慧

命經卽若親口相傳只須勵志精勤不必他山求助則

佛果可以立證此余苦心求師悟道之本願也

乾隆甲寅夏湖口傳盧柳華陽序於皖城忠潔庵中

慧命經

目錄

古雲安雲登鄧徽績重刻

最上一乘慧命經

江右株林橋傳廬柳華陽譔並註
山陰後學一陽參訂

漏盡圖第一

欲成漏盡金剛體　定照莫離歡喜地

漏盡圖

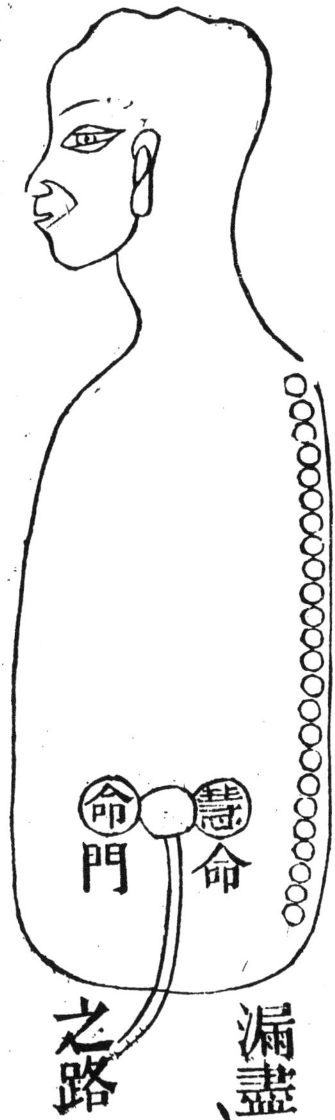

勤造烹蒸慧命根　時將眞我隱藏居

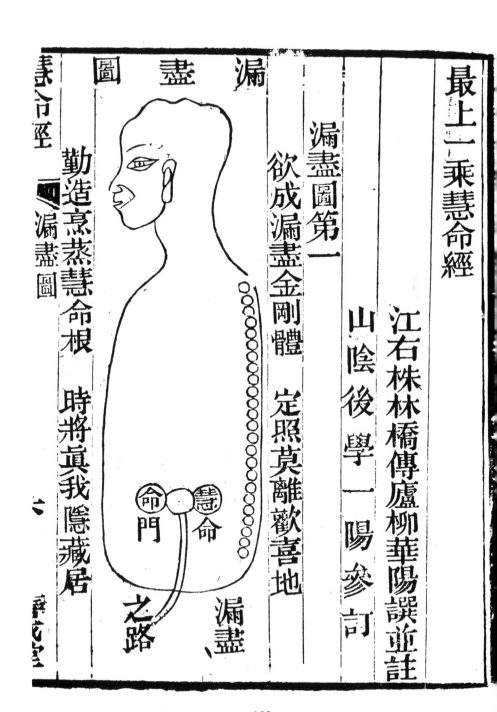

蓋道之精微莫如性命性命之修煉莫如歸一古聖高賢將性命歸一之旨巧喻外物不肯明示直論所以世之無雙修者矣余之所續圖者非敢妄泄也是遵楞嚴之漏盡表華嚴之奧旨會諸經之散言以歸正圖方知慧命是不外乎竅矣且此圖之所立者是願同志之士明此雙修之天機不墮傍門方知真種由此而懷漏盡由此而成舍利由此而煉大道由此而成且此竅也乃是虛無之窟無形無影炁發則成竅機息則渺茫乃藏

眞之所修慧命之壇名之曰海底龍宮曰雪山界地曰西方曰元關曰極樂國曰無極之鄉名雖眾多無非此一竅也修士不明此竅千生萬劫慧命則無所覓也是竅也大矣哉父母未生此身受孕之時先生此竅而性命實寓於其中二物相融合而爲一融融郁郁似爐中之火種一團太和天理故曰先天有無窮之消息故曰父母未生前烝足胎圓形動包裂猶如高山失足囫地一聲而性命到此則分爲二矣自此而往性不能見命

命不能見性少而壯壯而老老而嗚呼故如來發大慈悲泄漏修煉之法教人再入包胎重造我之性命將我之神炁入於此竅之內合而爲一以成眞種如父母之精炁入於此竅之內合而爲一以成胎孕其理一也夫竅內有君火門首有相火週身爲民火君火發而相火承之相火動而民火從之三火順去則成人三火逆來則成道故漏盡之竅凡聖由此而起不修此道而另修別務是無所益也所以千門萬戶不知此竅內有慧命主宰向外尋求費盡心機無所成矣

六候圖第二

分開佛祖源頭路
片時成六候
法輪吸轉朝天闕
大道從中出

法輪六候圖

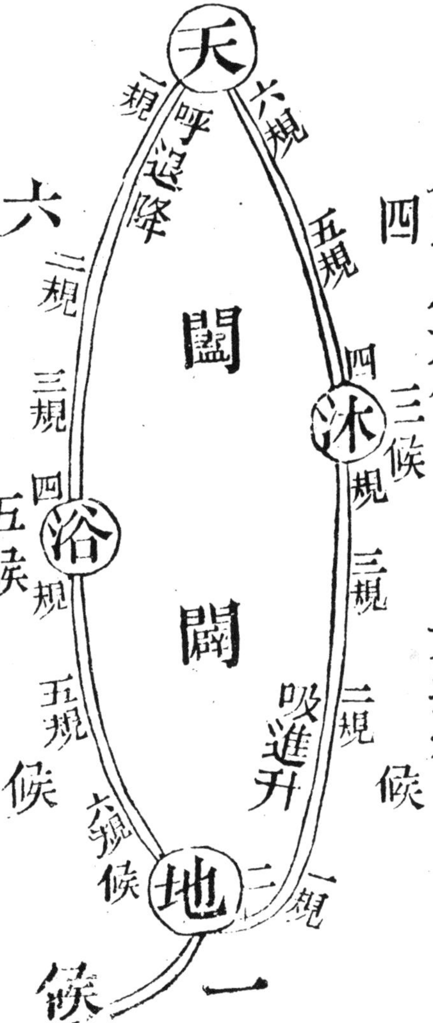

一刻會源頭
元機莫外求

現出西方極樂城
消息呼來往地歸

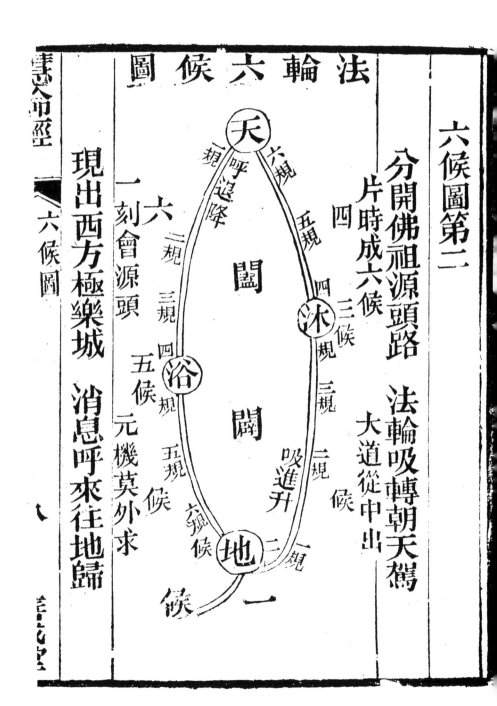

且道之妙用莫如法輪運行不蹊莫如道路遲速不等莫如規則限數不差莫如候法是圖也大備法全而西來眞面目無不在此矣且其中之元妙行持莫如呼吸消息往來莫如闔闢不外道路莫如眞意有所起止莫如界地捨己從人備著此圖全泄天機愚夫俗人得之亦無不成也苟無其德縱有所遇天必不附其道何也德之於道如鳥之羽翰缺一無所用也必須忠孝仁義五戒全淨然後有所望焉而其中精微奧妙盡在慧命經中兩相參看無不得其眞矣

任督二脈圖第三

現出元關消息路　常教火養長生窟

任督二脈圖

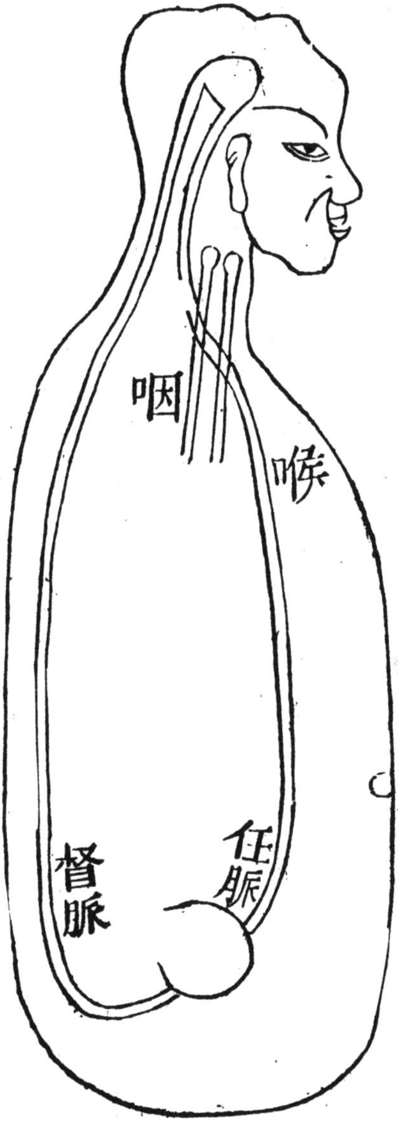

休忘百脈法輪行　檢點明珠不死關

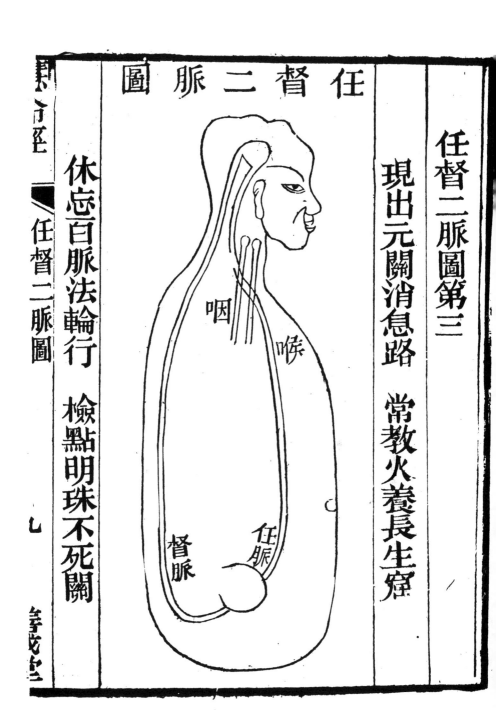

蓋此圖於前二圖原是一也所重續者何爲是恐修道之人不知自身有法輪之路道故備此圖以曉同志耳蓋人能通此二脈則百脈俱通矣所以鹿之睡時鼻入肛門通其督脈鶴龜通其任脈三物俱有千歲之壽何況人乎修道之士旣轉法輪以運慧命何患不長其壽而成其道也

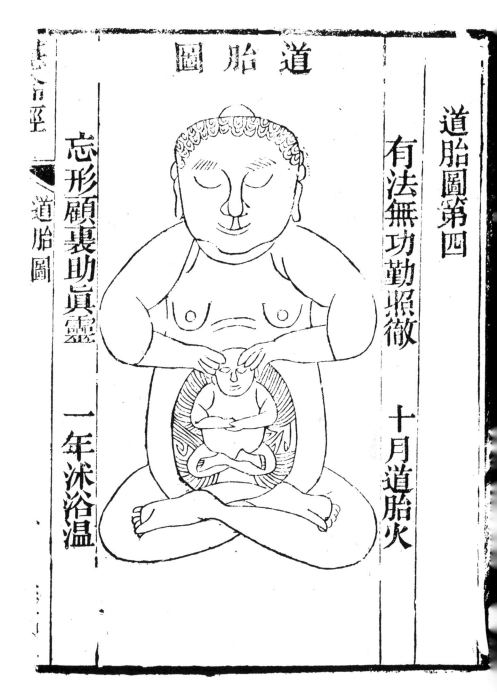

道胎圖

道胎圖第四

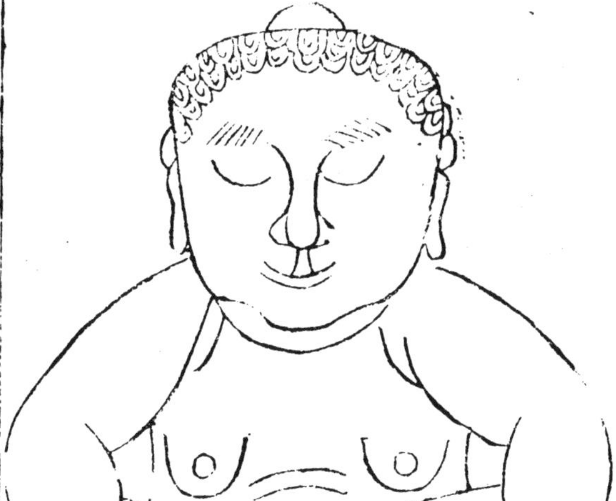

有法無功勤照徹　十月道胎火

忘形顧裹助真靈　一年沐浴溫

且此圖楞嚴經原本有之妙旨俗僧不知道胎者因當初未續圖之過耳今以闡揚修士方知如來有道胎眞實之工夫在矣蓋胎者非有形有像而別物可以成之實卽我之神炁也先以神入乎其炁後炁來包乎其神神炁相結而意則寂然不動所謂胎矣且炁凝而後神靈故經曰親奉覺應二炁培養故曰日益增長炁足胎圓從頂而出所謂形成出胎親爲佛子者矣

出胎圖第五

身外有身名佛相　千葉蓮花由炁化

念靈無念卽菩提　百光景耀儼神凝

出胎圖

楞嚴咒曰爾時世尊從肉髻中涌百寶光光中湧出千葉寶蓮有化如來坐寶花中頂放十道百寶光明皆徧示現大衆仰觀放光如來宣說神咒者卽陽神之出現也故名曰佛子苟不得慧命之道枯寂口禪焉有自身焉得謂世尊爲小道乎此卽泄楞嚴之秘密曉喻後學得此道者立超聖域不落凡塵矣

化身圖第六

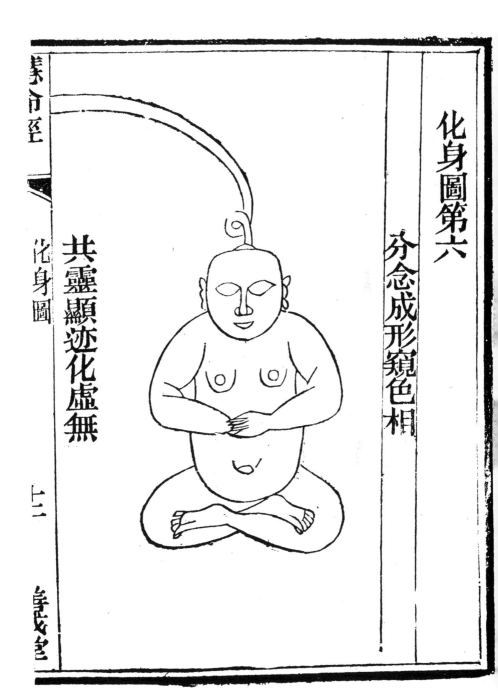

分念成形窺色相

共靈顯迹化虛無

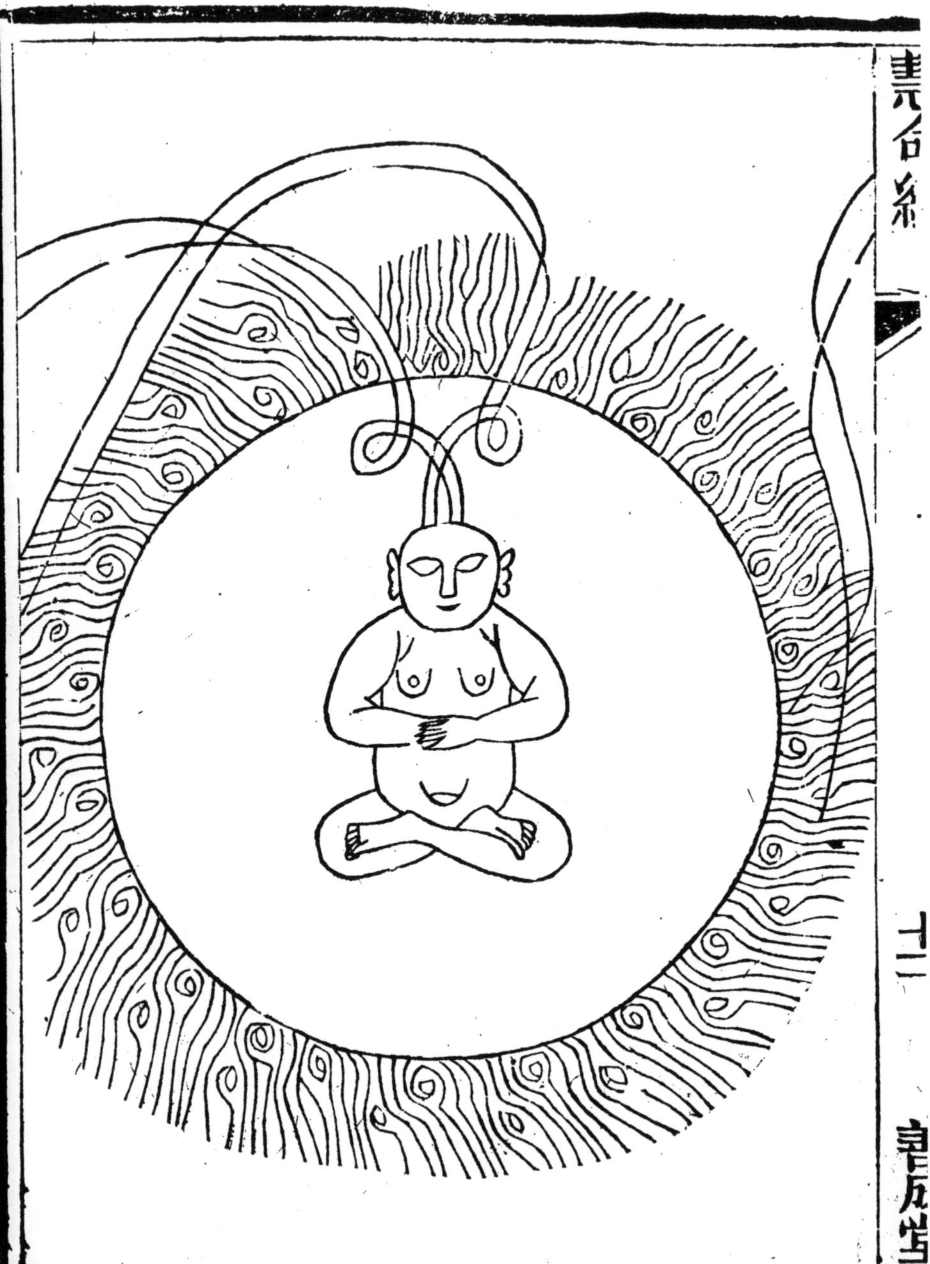

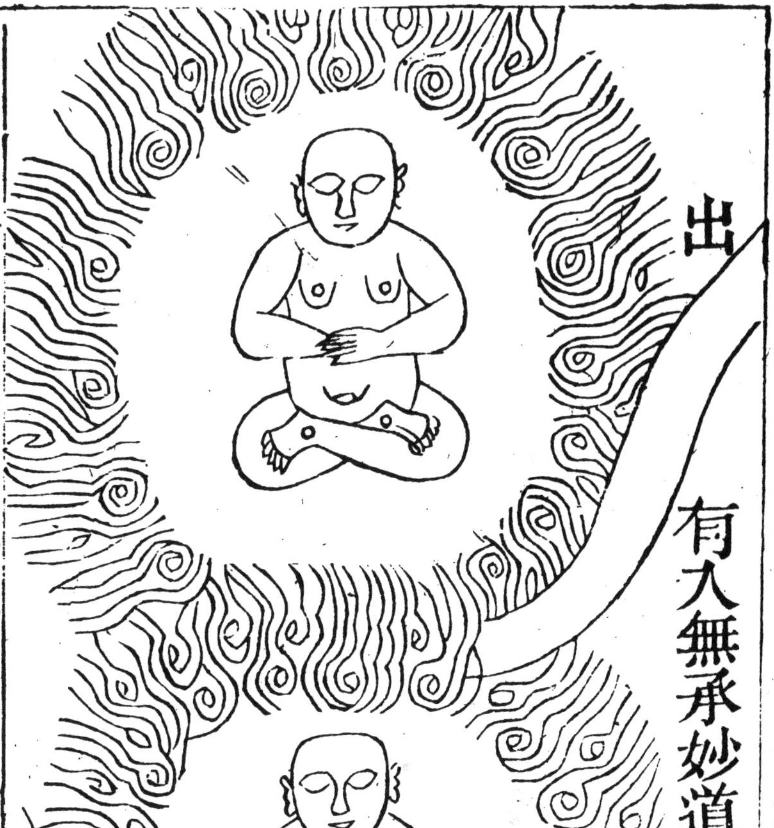
分形露體共眞源
出有入無承妙道

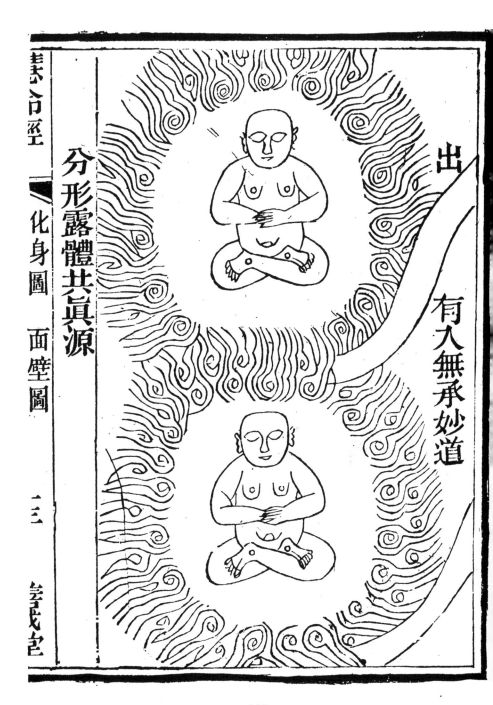

面壁圖第七

神火化形空色相　心印懸空月影淨

面壁圖

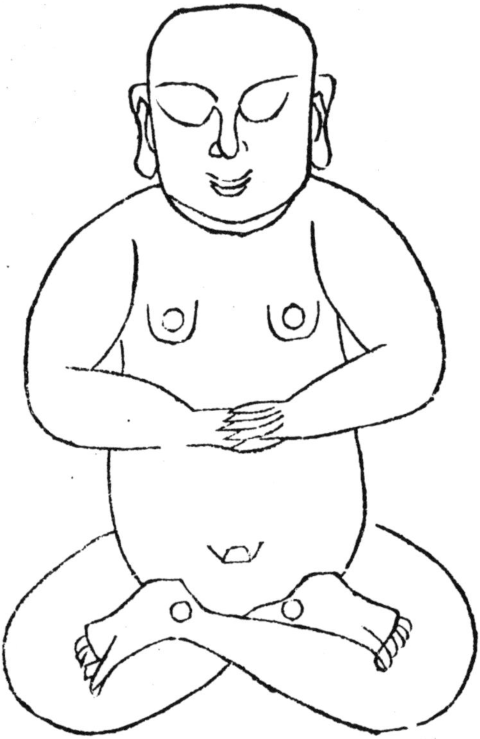

性光返照復元眞　筏舟到岸日光融

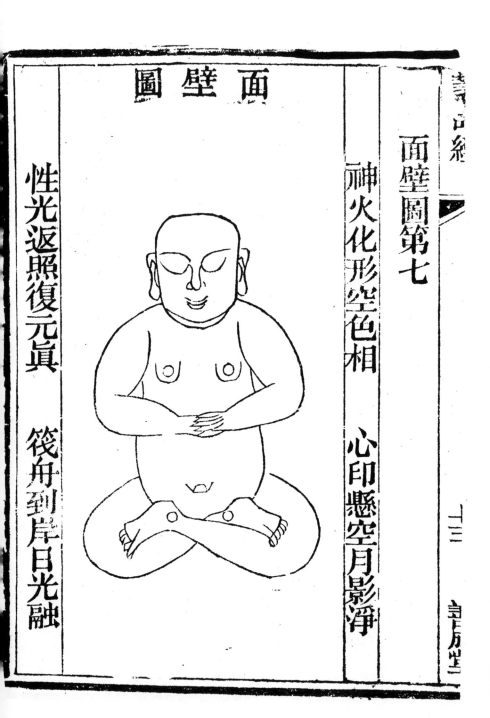

粉碎圖第八

一片光輝周法界　虛空朗徹天心耀

虛空粉碎圖

不生不滅　雲散碧空山色淨

無去無來　慧歸禪定月輪孤

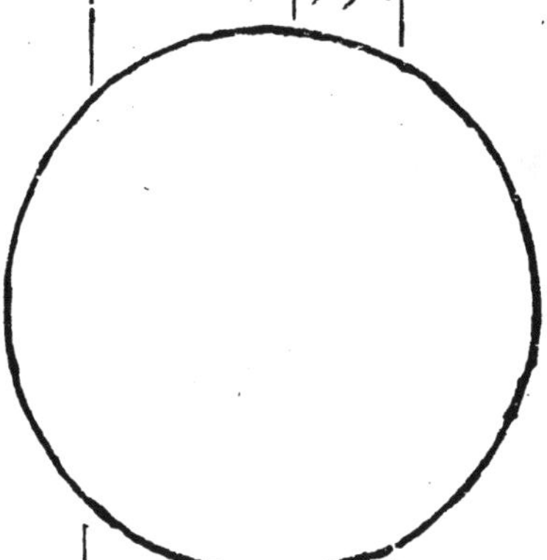

雙忘寂淨最靈虛　海水澄清潭月溶

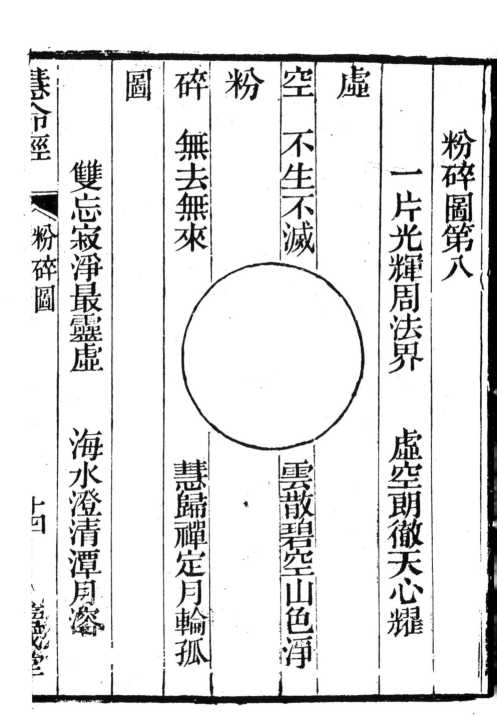

慧命經

江右株林橋傳盧柳華陽譔并註

集說慧命經

華陽曰成佛作祖是本性靈光不得慧命漏盡不能了道直入於如來之太空

蓋本性靈光者其名雖二源頭則一也在定則謂之性定中慧照則謂之光矣慧命者乃如來當初所取以示人之名也是西方之梵語中華曰人之本源儒謂之先天炁也是修佛之舟梯作祖之權柄即孟子所謂善養浩然之炁者是也漏盡者即世尊以示阿難所修之名也亦是西方之梵語中華曰走漏儒謂之走精醫謂之泄元炁而漏盡即慧命之所化當其未動之先本是命也及其

動而不知其修煉出關則化為有形之漏盡矣故儒謂之烝化精也當其童眞之時堅固之體原無漏盡之名圓陀陀光灼灼此時若遇眞師不用漏盡之法只要將此圓陀陀光灼灼之慧命收歸中宮時時惺悟刻刻覺照護持十月道胎養成佛體卽楞嚴經所謂既遊道胎親奉覺應功勤烝足自然出胎到此法身廣大卽楞嚴經所謂形成出胎親為佛子此卽謂之頓法矣若夫十六歲以後命寶滿足足而自漏矣從此以往煉至無漏故如來謂之日漏盡矣世之學佛者若不虛心求師指點火化之眞訣任爾打七參禪長坐行持之流萬無所保既無所保焉有道之可成哉故華嚴云不求此妙法終不成菩提是以如來發大慈悲示入下手接續添油之法補足圓陀陀光灼灼之慧命再皈中宮此乃謂之漸法矣故光明如來云老僧會接無根樹能續無油海底燈且又當勤勤修煉非一朝一夕能成道也故世尊謂阿難云第一漏盡難成而漏盡又是佛所喻之別名

乃此篇修慧命之法也若修性不修命習氣難消縱然能到恢恢相無非五通之鬼不能契如來之大通所以大佛方等大集經云修習五通既修習已垂得漏盡而不取證何以故愍衆生故捨漏盡通乃至行于凡夫地中太空者法性圓之虛極也故華嚴云性如虛空即邵子所謂道通天地有形外思入風雲變態中是也

而慧命漏盡不得風火煉法不能和合凝集而成大道

風者是助火之烈焰火者是化物之能功故如來云微風吹動又云火化以後收取舍利風火漏盡並用自然和合凝集而成大道矣

是以佛法次第用工之真傳豈無憑證

且眞實之道則有眞實次第之工夫如或前後混雜非如來之道也乃旁門外道而已矣且次第者如下手時有和合眞種之功如轉手時有修煉舍利之功如了手時有溫養道胎之功如撒手時有出胎面壁之功等法是也然而

次第非敢妄論是集佛祖次第用功之秘文攢湊逐節以爲憑證每句之下添一註腳喻曉同志槩而證之則無所誤也妄以一言半句而爲道哉如今之禪門自已尚未得眞傳妄以化人或曰父母未生前或曰念佛是誰這等婆婆媽媽等之言語哄弄世界愚夫愚婦東問西尋謂之參求佛法到頭一場空老何足爲道哉志者觀之眞謂之老婆禪口頭禪是非禪皮殼子禪衣食之禪耳且千古至今莫不以盲引盲坑陷無數之善信深入九泉竟不能出頭見佛之光華矣蓋佛法自漢明帝始入中華前秦始皇御有梵僧來始皇送還不用由漢以來謬妄莫知其數幸遇達摩來此土以證其非單傳六代自六祖至今非上又非謬外更謬所以有九十六種外道二十四觀之傍門獨有打七一門是害人之毒藥埋人之火坑釋教西方二十八祖東土六代原

無此門乃高峯門人誣揑況高峯所習乃是閉息之傍門非如來之正道或問曰何見得也答云高峯自日忍飢壽昌金粟是也但看打七門人箇箇吐血不但不成大道返得勞症苦腦而死豈不痛哉是人身氣血脈絡尚且不知焉得知其道乎夫人身日間勞倦全靠夜靜安神以待後天心腎交和爲滋養此身之根本苟教人七七晝夜勞倦不睡爲之大道安有不得其症者之害也醫曰凡人七夜不睡則心腎不能交必得勞症何況七七乎又加打其脊絡傷其臟腑嗚呼此刑自唐帝解之後至今不敢妄用矣帝當初見受此刑者十有九死閱諸醫書謂人五臟俱有脈絡繫于脊之總絡以通其氣血爲運行養形之本一打此處卽阻其氣血逆而上行就是盧醫扁鵲莫能救之故解其刑以杖臀爲之責也又或以黃綣之上續某僧某僧之名字謂之傳法以假傳假迷惑世人坑陷初學又加口頭禪之語錄遍滿世界縱有勵志無所覓求以爲佛祖是皆天生亦以虛

勞空死如此將佛之光華竟變爲黑闇矣蓋大藏之法寶本是全旨奈因當初學者有淺深根有利鈍遇此前後混雜實不肯成其逐節之次第也且大藏之教有權法有實法有無爲法有有爲法豈可一概論之是在人之學與不學耳所以然者性命雙修之道卽在其中矣而後來諸祖所得以成者亦不肯並泄而同論且後來諸祖有所得授而成者不肯公同大衆以權法制伏俗僧謂其悟性免其多事而生別念實法有悟知者私附密授故爲教外別傳另通消息如世尊不傳堂弟阿難私付與迦葉爲二祖如五祖不傳首坐神秀私付與侍者盧能爲六祖是以成佛作祖之大寶豈傳無志之人必要有超乎佛祖之志氣知曉那邊道理方可付之故佛法之秘宜世所難聞也是以不肯並世而同論或顯於

無爲而隱於有爲無爲者是養道胎而登後半之法非今之俗僧以枯坐之無爲也其有爲者卽凝集和合修慧命前半之法有憑有據乃先天意炁之妙用非世間之有爲也故寶積經云一切諸法悉如幻化是中卻有一法和合凝集決定成就又經頌云大士修行解脫門轉益慈悲求佛法知諸有爲和合作志樂決定勤行道又經云所謂二乘墮于無爲廣大深坑不能超脫證果古德云有爲雖僞棄之則功行不成無爲雖眞趨之則聖果難證今之禪門聞之有爲謂之著相棄而不取殊不知此有爲乃定靜之中妙道之有爲也譬如天地是箇無爲而天地所以生萬物者是箇有爲矣則最上一乘之佛法者亦然而人之心能到無爲之時則內裏有一物超然而出若不以意取之此物豈不散于外境卽非我所有矣如此取皈之法故名之曰有爲法矣卽六祖所謂往北接度者是也

或顯於無物而隱於有物無物者乃

後半之性功也有物者卽前半之命功也今之假禪道聞之有物莫不厭之殊不知此物者道之根本法之律梁人人本有卽非思慮之物乃元關內之物也故六祖云吾有一物無頭無尾無名無字無背無面又傳大師云有物先天地無名本寂寥能爲萬物主不逐四時凋乃先天之物也宰育後天散則無形影聚則成舍利故圜悟云何物高于天生天者是何物厚于地育地者是何物寬于虛空包虛空者是何物超佛越祖植佛祖者是乃化育之本物我同途故曰物我同一大父母者卽此矣順去生人生物逆來成佛成祖順去則物我同如逆來非師莫能曉用故雲峯禪師云有物密救人爭奈人不知卽先天純陽至剛之炁也散之乃在一身促之卽在玄關故寒子云可貴天然物獨一無伴侶覓他不可見出入無門戶促之在方寸延之一切處你若不信受相逢不相遇大則包藏法界細則粟米微塵所以雲峯禪師云蓋天地撮來如粟米粒大雖然如是先也須

和合凝集而後有物世尊謂之菩提種子法華會上龍女所獻者即此物也**或顯於無事而隱於有事**無事者是祖師所制伏衆人之法耳乃小乘法也有事者祖師隱藏密授乃上乘法也無根凡夫不能信受故世尊云我于五濁惡世行此難事得阿耨多羅三藐三菩提爲一切世間說此難信之法是爲甚難又云世尊如此之事世所難信而祖師若與下根之人說破返生非言故法華經云爾時佛告舍利佛止不須復說若說是事一切世間諸天及人皆當驚疑又云唯此一事實餘二則非眞且有事者又非旁門之事也即元關機動物產之事矣以我之意宰之以呼吸收之和合眞種轉運法輪採取薰煉總是意同呼吸用慧命矣故名之曰有事者也慧命即元炁之別名元炁生時若不收取豈不散耶故與陽禪師云進一步則迷理退一步則失事即此也**或顯於小乘而隱於大乘**小乘之法乃禪師所施之

權法也曰參禪打坐曰念佛看經種諸善根之因果大乘之法即祖師受記之密語也曰慧命壽命曰漏盡馬陰是超凡入聖之佛果此以上言道之大概而已

或有言之易而喻之淺者當逐節以熟玩不可冒覗也參悟無疑再求印證使徒執其偏見取宗於妄人之口何其誣耶

淺易之言即性命之眞方未得訣者難以曉悟必須前後湊合究竟層次再求眞師印證免誤此生之空修也若今之叢林所傳所證者非如來之正法乃黃綣上所傳某僧某僧之名字謂之佛法若認則誤也此乃六祖之後未得眞傳者妄人所揑爭方丈之計耳哄弄後學誤了多少善信既非佛法乃爭訟之端也

余故曰脫俗離塵覓過知

古云欲往山下路且問去來人過知者是得說之人或已成或未下手然而其訣則一也

斷婬悟

道貴眞師

且斷婬者即楞嚴經之首戒成佛之津梁蓄爲釋子袈裟錫杖不斷婬機謂之修道豈不取笑儒道之高人乎外面雖威儀內裏與物無殊眞可耻矣且斷婬一事若不求眞師將何法斷之凡求師者先問此此法起首餘此俱是旁門也

任他指說萬般法與我身心難自規

今之釋教無非看經念佛參禪打坐打七閒話頭而已餘此此之外無所爲也此乃黃葉止小兒之啼與我身心有何益乎

格外高談非至道

今之學佛者不得正傳開口便曰某菩薩某佛祖自己無能將此婆婆媽媽等話哄弄愚人又曰某僧死已得道某和尚死已得大道若教死已得道天下死尸盡是得道之漢殊不知得道者在生能爲無所不有之變化方爲至道矣

片言闇點是良醫

片言乃老實之話非文字之長篇亦非花言巧語故五祖所謂師師密付本音闇點者如五祖三更點與六祖如世尊在

舟點與迦葉凡得眞道者疑病盡去藏教之經文無不通達故曰良醫矣**得來暫試從頭看一刻工夫果自嘻**旣得眞訣且從下手修起如果若是眞道婬根一萌以心凝而宰之以呼吸而吹之不要一刻工夫婬根自縮意炁自合心靜身爽果自闢笑矣**抑聞之心經曰觀自在菩薩**華陽曰此乃如來天恩教人起手雙修性命正法之切境奈何凡夫不得眞傳便謂以念觀念謂之觀自在菩薩則錯謬矣殊不知此念乃緣習所有識種所結非道之本源故程子所謂正道定理果是心乎抑非心乎此所示人另悟消息之至矣夫觀與菩薩乃如來妙喻二物雙修之嫡旨何得一物也若此念謂之道則道遙矣故圓覺經云一切衆生妄認四大爲自己身相六塵緣影爲自己心相又元妙宗一云靈臺智性這箇是生死根本妄想緣氣只因前塵而有分別故傳法如來曰空王殿內無踪跡若認爲眞實則菩

薩依舊埋藏于地不得出頭變化成如來之妙相空費此生一大因緣矣且此念乃心中之陰氣識神之變化萬劫千生原是他攝裏菩薩迷弄往投貪塵愛欲不得解脫所以不得證果轉劫迷失皆因不知菩薩出處妄認此識之悞也故景禪師云學道之人不識眞只為從前認識神無始劫來生死本癡人喚作本來身又南泉禪師云心不是佛智不是道馬祖又云即心是佛乃止兒啼也豈不悞哉且今之學佛者聞之心不是佛智不是道豈不落空亡茫然無主哉問曰何所修煉答曰觀乃我正念中之靈光耳未得眞傳者謂之本性且菩薩住居淨土二物所隔八寸四分遠非觀莫能相會即下交所謂和合凝集決定成就是也而菩薩即是慧命實謂之佛性自離母腹因地一聲之時觀與菩薩兩自睽隔且菩薩隱而深密若不求師親指縱有聰慧靈悟莫能見之所謂道心惟微自此而往晝夜謀務聰明智慧無不是識神用事故祖師云汝無佛性所以如來發大

慈悲教大地眾生時時刻刻觀照此菩薩菩薩所得受此靈光之慧力久則自然如夢覺融融然似薰蒸活活然如盆珠豁然靈惺放大光明力足時至忽然一湧潮上與我識性合而為一到此識性死而佛性靈顯靈靈當當依舊是箇主人光周沙界六通俱全任他塵塵垢垢我獨安然一性圓融太空所謂一切含靈俱有佛性雖然如是順去生人生物逆來成佛成祖凡聖之變化總是這箇所謂一物一太極有此太極知覺言語無此太極眼垂口閉醫謂之真火實無形無影而藏之臍後腎前稍下空懸一穴古謂之淨土家鄉極樂國妙有真空有此真火蒸薰有形無此真火息斷形壞六祖所謂心是地性是王王居心地上王在身心在王去身心壞然此心又非肉團之心乃道心也故曰道心居于北極而眾星拱者即此矣天下學佛者不修此菩薩而另外別有道可修乎若有所修盡屬傍門外道而已即非觀自在菩薩之道也 寶積經云和合凝

集決定成就

此乃世尊之密語大藏一教之秘文即性命雙修之法寶故曰決定成就奈何此道自漢明帝至今併無一人宣講獨有達磨寂無二祖師密受故肉身俱已變化親登太空允證金身達磨微露而寂無著諸經典闡揚此道奈門人藏閉其書余今解明備全願同志者槩而證之免墮傍門得疾病而夭死早成乎大道矣夫和者乃心中之陰炁去和腎中之陽炁陰炁得此陽炁則有安心立命之所故曰和矣合者是腎中之陽炁承受心中之陰炁陽炁受此陰炁則成歛收堅固之體故曰合矣易經所謂一陰一陽之謂道偏陰偏陽之謂疾古往佛祖必須性命雙修不曾偏枯且凝者是凝神之法集者是集命之方命不集聚不成菩提即孟子所謂集義而生也此乃性命並修養神養炁簡而易成但人不知雙修故如來曰和合是也且人自離母腹神則不能顧其炁炁不能顧其神神藏于心發于二目而七竅共用是逐日而上耗炁藏于腎發于

婬根夜靜而下耗稟受能有幾何哉耗盡嗚呼若不求師指點凝集縱修無非此心中一點陰神耳殊不知此神乃純陰不能獨力成乎至道故世尊教人二六時中行止坐臥以念收歛微細之神凝入于命中命得此神猶如臣得君主拱伏自定不敢私自偏枯外耗如此用工再加曉悟後面採收陽生之法少年不過月期中年不過三五月則命竅之中不覺無中生有莫知所之忽然眞機發動其快樂之妙不可以言語形容到此當自保守速轉法輪故如來還世人一箇當頭汝等若依我此和合凝集之法修煉決定成就矣　六祖壇經曰有情來下種　蓋情者乃修慧命下手一著之天機若無此情萬不能成佛果譬如農家無種欲望收成豈不愚乎今之禪僧不得成佛者實不知此情之過耳昔日五祖先世爲栽松道人所求四祖之道四祖視其形骸老而無情乃謂曰汝轉一轉來道人果自立亡轉而自投周氏再得正道且道人既可立

亦不用父以自投懷胎足謂之道矣而又求箇甚麽馬祖云不是物又六祖曰娙性卽是佛性其二老泄盡天機矣故龍牙禪師云人情濃厚道情微道用人情世豈知空有人情無道用人情能得幾多時且此一情字自漢明帝到今註者紛紛莭不得慧命之法便謂此情乃世情之情學兩句套語機鋒話頭謂之得道哄弄愚人萬世之下明眼人見之可取笑矣既然是壞物焉得五六祖當時習而哄後人乎蓋五六祖乃如來嫡傳慧命之道閉而不傳與無德者有之或問曰此情是箇甚麽華陽云此情乃慧命之化育卽元關頓開之機緘其慧命雖藏在元關靜則發生往外附與外形而起與我心中之意偶有知覺焉是以外形與動則謂之情也故閉陽關法如來曰不識動靜學道無益矣又問曰何謂之下種答曰此情乃生人成佛之順逆造道之端非眞意不能逆歸凡學佛之士既曉形動之機將我靜中之眞意凝入于命宮時來時凝久則天機發動不覺命宮產

山菩提故曰下種矣又問曰何所修煉答曰既知凝法當知煉法煉者火也火非風不能熠灼亦不能化物故世尊云微風吹動又云火化以後收取舍利凡學之士必當使呼吸之風逆吹命宮之真火即將所發生往外之慧命以息攝回本地凝凝然似爐中之火種綿綿然如風箱之往來薰之煉之使有形化而爲無形知而修煉不但本宮慧命不外耗返得此動機補助我之慧命之不足處即儒所謂造化生生無窮久則命基滿足又謂之壽命不死矣故如來度迦葉謂不死阿羅漢者是也**又摩訶般若波羅密多心**

經曰時蓋諸經之句法都有雙意數字獨此曰時豈不怪哉此乃如來囑咐後人惺悟時之至切至切矣且時者又非時候之時也即禪靜中萌動之時矣古德云若言其時無定時清風朗月自家知儒云月到天心處風來水面時諸翁雖然妙喻發其天機卻總不肯說出是箇甚麼時來且教人將何所用乎余不惜罪過

與諸人通一線免墮傍門早證道果豈不妙哉夫時者卽吾身中慧命自動時也古德謂之活子時其生之機形如烈火壯似熖風非師傳授意息莫能制伏別名猛虎專吞人之性命吸人之骨髓任他三教英雄豪傑不得眞傳者無不被他所喪矣古之志士高人必先伏此猛虎始得成其道果然而其發動之形容薰薰乎如浴之融暖烈烈乎似火之將熾一派壯旺强烈之性薰蒸下行于婬根威鎭獨立遍身之精華無不聽令于他醫家謂之外腎興成佛作祖之妙訣卽在此下手矣若世得眞傳何必又疑惑哉且時者釋教之秘也至切矣

尊曰於竭陀龍宮說法 上文一節言時所用之實處無不在其中矣又恐世人落空故此專言眞實之所使人下手則不落空矣蓋龍宮者西天梵語之譬喻也中華名曰丹田又曰炁穴醫曰精竅其名亦多西天又曰淨土曰界地曰苦海曰海底曰極樂國曰優陀那其名衆多總是和合眞種之處也所以

天臺止觀云梵語優陀那此土丹田是也故近代得道者恐人不悟又曰爐鼎此乃祖師慈悲示人切近之妙喻使人知有實所譬如鐵匠欲成鋒鋩美器非爐莫能成功修煉亦復如是蓋爐何也化形成物之所其法易明故心經解云收來放在丹爐內煉得金烏一様紅光明如來云爐中火發又云爐中發火泄天機不悟而來卽是迷是也

圓通禪師曰北斗裏藏身北斗卽上文龍宮是也藏身卽前文凝集是也祖師教人常將我之眞念藏於北斗則心自空命自固矣故傳大士云心空及第歸是也

寂無禪師曰凝神收入此竅之中則炁隨神往自然歸於此處目寂無得如來達摩之全旨慧命之嫡傳故能隱顯莫測變化無窮雍正年間屢在太邑化陽身數十家有箇寂無談笑飲食隱則無蹤或與人金銀美女或顯虎獰水火從學之徒凡心欲念無不消焉蓋凝者移也竅

者卽丹田也亦曰爐矣此表炁之所發當用功之時也蓋炁之動附於外形而出若任其出將何爲道本哉所以祖師示人此時速凝神入于丹田炁得神之翕收則炁亦歸矣且此此炁者又非呼吸之炁乃先天之炁也卽孟子所謂浩然之炁者矣此炁自我釋教諸得道之宗師不肯泄漏盡是譬喻外物使人自悟有明白者然後密付故曰教外別傳炁之別名釋教曰柱杖曰錫杖曰禪那曰摘蘆曰白雪曰金蓮曰散果曰洞水曰海水曰明星曰西江水曰曹溪水曰水牯牛曰海底燈曰爐中火曰牟尼珠曰海底泥牛曰海底明珠曰海底開花曰爐中香烟曰事曰物衆名紛紛不可勝計究其實事無非此一炁也故黃葉禪師參求六祖得道修煉功圓之時自歎惜曰道無非炁也此一言泄盡天機矣

又曰功夫不間斷息息歸此或一月二月便能自覺竅中融融暖炁旋動息者呼吸之氣也佛喻之

風矣亦名杜杖猶如老年傍杖而行修慧命者若無此息吹嘘漏盡不化舍利不成故禪師云未到水窮山盡處且將作伴過時光是也蓋人呼吸之氣原根本在丹田但人只知出不知進耳得眞傳者丹田之神能以接息故禪師云無孔笛顚倒兩頭吹纔得神炁相合久則自暖法輪自轉一月二月者年老年少之分別耳少年月內爐中自有效驗之機發年老或數月方有渾合之信至暖炁纔有動機

淨光如來曰金童一惺棄皇宮不覺犀牛法海中欲要覓他歸故里靈山塔下始知踪

太子即世尊也世世尊思修有天神變白馬乘太子出皇宮騰空而至雪山自金刀落髮先未得眞傳以修傍門所以漏盡無成形骸尫羸後得阿私陀巧傳慧命之正道始成佛位故法華經云仙人授佛妙法如來因之遂致成佛又釋家譜云私陀見太子形骸尫羸謂太子曰可食牛乳復其本元太

子果食其乳依然復其三十二相道果圓滿以求燃燈佛證之世尊初下工夫修煉至道不待以數月期忽見明星自歎曰一切眾生皆有佛性奈何不得斯道之過耳世尊言佛性卽慧命也牛者炁也海者卽丹田也欲覓此牛其藏處在法海他所則無矣故曰北斗裏藏身靈山心也塔下卽丹田也如來教人修道先修塔下而後有牛來歸故里之效驗矣故藏經曰人人有箇靈山塔好向靈山塔下修知踪也者丹田之內忽然無中生有也不待他論自意念中覺知融暖和暢一派春景其樂無窮卽馬祖所謂達于皮毛暢于四肢矣歸者還也故里者心田也始由下中歸上化識性爲佛性煆昔念成正念識死性現朗朗一箇主人故曰歸故里者也

圓通禪師曰羣陰剝盡一陽復生欲見天地之心須識乘陰之法羣陰剝盡者在年十一月在人身爲北海一陽生者在年爲冬至在人身爲陽生天心卽

陽生之所邵子所謂冬至子之半天心無改移是也欲見此心須求煉法而後有可見之驗見乃眞種所產之法卽世尊見明星之見也楞嚴經云願立道場先取雪山大力白牛可取其糞以泥其地（且喻道場者乃修佛道之起手也闡牛糞者卽是煉慧命之根本矣）世尊教人修道先修慧命若不修慧命之純陽起手單修心中陰神安有不遭楞嚴經陰魔之類乎如今禪門修性而不修命往往顚倒返到得疾病死雖然口稱頓悟十地三乘往往到頭虛老不知雪山白牛糞之美處空以磨磚作鏡妄以集雪爲糧悞了幾多少年旣無立命之基安有性道可成之理乎是以戲臺上優人自稱漢高祖楚霸王矣蓋雪乃白也白爲西方之正色是喻人命竅之炁也故如來教人修西方極樂也卽此矣而良醫又明指之日兩腎之前空懸一白圈先天性命水火卽在其中無形無相空空蕩蕩慧命卽在其中矣若

不速自修煉焉待久居奔名利而耗散近色欲而喪真出家之人念誦枯坐則離氣耗神是油乾燈滅不到半百而亡故曰雪山矣且命即元炁也炁之剛而無比色之白而無瑕故白大力白牛矣炁之隱顯包乎天地載乎萬物廣而無際細而無核覓而無影修而現前超佛越祖無不是此炁也即孟子所謂至大至剛豈謬言哉然而炁之變化年壯而自拱靜極而自生不知保守則以耗散故曰糞大耗散朝朝如是不早築固命根能有幾何哉即儒所謂用之則成路不用則茅塞也蓋糞乃劈魔之至寶成佛之堦級不取糞而修則十煉九空譬如世人欲起美屋非其基地安能居哉且古之志人知此糞之出處靜時而養動時而取收攝還我本地用火薰煉築固自已基址則謂之泥道場矣但既有場基又不可少善知識時時刻刻將我之真意坐居其中一念不起八風安能搖動即康節所謂一念不起鬼神莫知不由乎我更由乎誰獨獨惺惺任他千魔百怪我在這

裏隱身安然自在故曰和尚坐道場則不遭魔類矣卽阿難所謂坐於中流水面跏趺入滅是也此篇註者如作者同一鼻孔出氣者矣

楞嚴經又曰必使婬機身心俱斷斷性亦無於佛菩提斯可希冀

且自古得道者莫不先斷婬機而後能超佛越祖世之爲釋子者身心斷婬之說無不知之矣獨有婬機一字舉世罕知不但不知修煉之法而所以然者身心亦不能實使其不婬也何以故且婬機一發形如烈火速似焰風苟不得其法安有不牽連身心之憂患也且若無其機身心安然無所憂患矣故世尊知其機之利害難以自了是教人以使之且使之者非空使也而必有使之法焉在矣故蔡禪師云祖意如空不是空靈機爭奪有爲功且此法至簡至易非夙有善根者立而難聞既無所聞婬機焉有自斷者哉若不迅早虛心求師任爾千修萬煉難免其患所以近來叢林多有業障善知識者不得

其法多有私下身前身後行婬故畢書二大人將此等僧充軍問徒是天譴其罪矣問婬機何物也答云婬機即是世尊所謂婬根也根之形容在外而機在內不知修煉焉有不牽連身心乎即孟子所謂炁亦能動志之說問曰有何法制伏答曰得訣者其機之將發以神主使其機之自息即孟子所謂志者帥也以呼吸攝之使其炁之自歸即達摩所謂採取也神即爲火息即爲風機發雖是炁而內實有漏盡之資若不在此煅煉則又牽連身心矣以丹田爲爐以闔闢爲箱以火而煉以風而吹以暖信爲效驗以暢快爲無事久久煅煉則機自死婬性自斷斷性亦無身心太平三種婬事無所集有于佛菩提何難冀也此乃萬聖千祖不傳之秘法余今盡泄矣爲釋之子不修三種婬事自謂善知識者即楞嚴經五十三種之魔矣又或謂余之錯矣後學者且當本文證之世尊豈有錯乎

寂無禪師曰其機既發凝神入于丹田當

用武火收攝而歸以薰以煉機之未發以神照之丹田當用文火不離而守以烹以蒸似此悟入纔得真種發生

且機之發者乃丹田之炁動也既然凝神則此機動受神制伏自然兩不相離如磁石之吸鐵隔礙潛通和合為一矣祖師又恐臨時炁之生旺猛虎難伏故曰用武火此真乃泄盡天機慈悲至已盡矣萬世之下學佛之士無不沾恩矣蓋武火者乃修道之竅法成佛之秘機佛佛心受祖祖口傳悟且甚難故五祖云師師密附本音世尊達磨雖有火化風吹候之言而文武之用度未行竹帛故世之無雙修而亦不能信自達磨寂無後無有形神俱妙之高僧矣問曰何謂武火攝歸答曰武火攝歸者乃呼吸之氣攝真炁歸源而又離不得真意之為主宰矣故曰一意馳三炁鼓舞攝歸總在乎意之能耳蓋炁生易下流順出故以呼吸攝之若不借呼

吸消息之鼓舞則一神而難攝炁亦難歸二炁原有兼用故禪師云你有箇柱杖子我與你一箇柱杖子即喻此二炁同用之機也當呼吸之機我則從陰蹻迎歸爐即達磨所謂採取也或十迎或數十迎外形倒則止矣明此二炁闔闢之消息則元炁自歸爐矣用二炁之時爐中之意不著于呼吸依于元炁採取不過借呼吸之機以為採取之具即六祖所謂往北接度是也且元炁既歸爐又當薰煉以意定而為火以息嘘而為風鎔灼一時漏盡之資則盡化而為炁放心安容此乃武火之功也問曰文火何也答云文火者不存而守不息而嘘時時刻刻不昧惺惺綿綿不斷息息歸爐即古德云杖往杖來無間斷舍利成金合本初切忌昏迷散亂一念不起一意不散猶如爐中火種如此修煉何患眞種不生舍利不產大道不成哉　釋家譜世尊

日對斗明星而悟道　對即中華名曰返觀是也斗即北斗喻丹田是也明星者乃丹田之

炁發晃是也正是眞種所產之景所以興陽
禪師云匝地紅輪透海底不開花即此矣
圓通禪師

曰北斗藏身雖有悟出塵消息少人知
北斗藏身者是
藏神在此而起
手若不在此而修則不能出塵矣凡出塵者即轉法輪
之消息當轉而不轉則種子產而無歸又廢前功即興
陽所謂退一步則失事故曰出塵消息
少人知此以上盡是言和合眞種之法

此上數者慧命
經之妙法和合眞種之天機具在斯與而其風火之功
亦不外是矣
此總結上文和合眞種風火之法古聖不
肯全露故人雖悟大道盡入岐路余淺直
解明以曉同志庶不誤入外道早成正覺世之有好
佛者果潛心此經自修自證以成大道豈不樂哉
予

故曰自始凝神返照龍宮渾然而定靜以雙忘而待動

以意烝而同用以神火而化以息風而吹以武而煉以
文而守久久薰烝刻刻無間意烝兩不相離則和合凝
集之法得矣此總序和合所生眞種之法蓋龍宮者遵
如來之梵音此土名曰丹田丹田之內有
水故曰龍宮水性沉重朝朝下流神卽是火火性輕浮
刻刻上熖世人沉下浮上兩離分散故不能成其道佛
祖以火凝在水中則心自空火不熖上水得火煎水不
下流化而爲烝烝則目然上升當凝神之時內念不出
外念不入空空蕩蕩不著不滯囘光返照旣照則忘形
忘意但用意卽是不忘但忘卽不能以意照之心無不
存之謂照欲無不泯之謂忘忘與照一而二二而一當
忘之時其心湛然未常不照當照之時纖毫不立未常
不忘忘照純一渾然定靜天地人我莫知所之且待而
候動不覺融融和和外形勃起以意迎烝而歸旣歸本

地以神注定其中當以呼吸吹噓久則文火勿忘勿助行住坐臥不離這裏何患眞種不產哉不聞得道古儒之言乎恍惚陰陽初變化氤氳天地乍迴旋此以下言眞種所產之時古儒即邵康節是也予之釋教竟有無知無識者謂儒不知大道自打七參禪口頭三昧謂之得道誠可笑矣不但儒聞而不覩高僧亦自夾鼻恐臭矣蓋恍惚者靜定之中渾然一團外不見其身內不見其心恍恍惚惚初變化者即此恍惚之間忽然不覺融融和和如沐如浴故寂無禪師云六合同春作者即與陽禪師云匝地紅輪透迴旋着眞炁旋動正是元關透露而眞種產矣有無窮之妙樂也六祖壇經曰因地果還生地者名淨土又名苦海又名優陀那巧喻異名無非果生之處也蓋果還生者因以前能明有情來下種和合之機到此方有果也果即菩提子也又曰舍利子無量光明

如來曰分明動靜應無相不覺龍宮吼一聲無相者釋曰威音儒曰無極蓄此物本來無相因靜定而生龍宮者卽上文因地是也吼一聲者卽上文果生也儒曰杜宇一聲春曉乃陽炁之所生也能知此一聲之機則洞水可流西江可吸海水可灌頂也古德云地雷震動巽門開又云雷從地響矣

紫摩金光如來曰海底泥牛露半形海底卽我之丹田北海也世尊名之曰龍宮又曰恆河與陽禪師亦曰海底是藏慧命之源窟故曰海也泥牛者卽慧命也世尊名之曰摩尼卽我身中神炁和合所煉成之眞種也露半形者乃眞種將產之法象也此時必須以靜而待之不可急於收取任牛之自露全形者方可與功不然念動牛驚依然隱而無踪圓通禪師謂太早生故寂無禪師云必須元竅生物斯可陽爐發火固莫爲之先亦莫爲之後若夫機未至而先助長則外火雖行內符未應適

自取焚軀之凶矣奚可哉

圓通禪師曰梅花未發太早生梅花已發太遲生

梅花者乃陽之首而爲報春之信也即喻我身中陽炁所發之景矣未發者是喻陽炁將動未動也此時如或妄採而炁嫩則不升故曰太早生矣已發者是喻陽炁已動也此時即當取收歸源若不歸源炁則散而無依故曰太遲生圓悟禪師云進一步則迷理退一步則失事誠所謂也

又曰恁麼則風霜都喫盡獨占普天春

恁麼者即喻時當令也風霜喫盡者是喻無陰氣之謂也春者陽也是喻丹田一派純陽之炁其中景象如沭如浴週身融和暢快不可勝比內外盡是陽春乃眞種所產之眞景也

又曰切須盜著

此乃祖師囑咐後人如或見此景至即當興功收取如或不收則是當面錯過此物又行熟路故興陽云退後則失事誠有言也豈不悟哉故曰盜著盜者強奪也當此

之時功須勇猛以我之意宰之用我之息攝
之將此眞種歸于丹爐而後再用法輪之功寂無禪師
云至於六合同春物物得所且六合者週身也春者喻週身之暖信也物者乃釋
教之別名卽儒所謂元炁也功到時至此物當産之時
不知不覺忽然丹田融融洽洽週身蘇綿快樂癢生毫
竅身心無主丹田暖融漸漸而開陽物勃然而舉忽然
一吼呼吸頓斷心物如磁石之相翕意息如蟄虫之相
含不覺入於恍惚天地人我莫知所之渾渾淪淪又非
今之禪家枯寂無爲恍惚之中心自不肯捨其物物自
不肯離其心相親相戀紐結一團其中景象似施似翕
而實未見其施翕似泄似漏而實未至于泄漏其妙不
可以言語形容故心經解云一陽初動有無窮之消息
少焉恍恍惚惚心以復靈呼吸復起丹田之炁自下往
後而行腎管之根毛際之間癢生快樂實不能禁止所
謂炁滿任督自開此之謂也迅時速採歸源轉大法輪

不然此物滿而又溢則前功廢卻矣蓋此篇全泄天機余三十餘年方得妙道後之修士行工到此切記切記毋忽卻其中景象但得二三即是眞種所產矣固不必規規如此而又在稟受形體有同異之別也

達磨祖師曰二候採牟尼

此言採物歸爐之候也蓋二候者前活陽生時謂之一候累積陽滿眞種產時又謂之一候故曰二候矣採者此物產時仍行熟路順下而漏故用呼吸採之以歸爐牟尼者物之別名儒謂之元炁也

又曰二候採牟尼四候有妙用六候別神功

前所謂二候者是生與產之二候也此所謂二候者兼干採封之二候也學佛之士須當著眼不可一概而論之觀其法輪六候圖則明白矣蓋此二候者眞種產時以採歸爐謂之一候而爐中封固又謂之一候故曰二候矣既歸爐矣即當速升降牟尼以轉法輪成其舍利升爲一候降爲一候沐浴爲一候共之四候故曰四候

有妙用採封升降沐浴總其之六候歸根溫養舍利無所事也故曰六候別神功也

六祖曰往北接度

往者以心去也北者丹田也接者以心接物也度者卽升降往來也

寂無禪師曰採取以升降從督脈上升泥丸從任脈降下丹田

任督二脈者卽法輪往來之道路也任脈者起于丹田前弦循環腹裏穿二喉之中上頂也督脈者起于丹田後弦並繞脊裏上風府入腦頂與任脈會合二脈通時則百脈俱通矣採取由此而行法輪由此而轉能識此道路者則舍利子亦由此而成矣

易經曰闔戶謂之坤闢戶謂之乾一闔一闢謂之變往來不窮謂之通

此用二炁轉法輪之消息也且釋藏修道之經文前輩所稱者楞嚴華嚴謂之首也儒所修道之經文莫不以易謂之首也太邑海會寺方丈龍江問曰西方梵語未見

有易之說今截此不合釋教之道也答曰苟執其一不明其二爾所修者傍門而已老曇之道未曾望見于百世以上千百世以下此人此心三教豈有二道者哉殊不知易之源頭乃道之祖也問曰既爲道書今時儒士以易爲時文卜筮之書未聞其修道何也答曰時文卜筮乃在塵之儒耳非出塵之儒也且古之至儒究先天之理參闔闢之機格物窮源性命在我不由乎造物運然天理出乎衆外故曰儒矣問曰修道何也答曰道用先天借後天之爪板轉法輪也闔戶卽是吸機吸機者往下也故曰坤矣闢戶卽是呼機呼機者往上也故曰乾矣此乃後天一邊之理也變者乾坤兩卦之消息也猶如御車然乾坤爲轂變爲軸車本不能自運惟賴兩頭之軸兩頭之軸又賴兩頭之轂兩頭之轂又賴闔闢之吹噓車待軸而轉動軸又待轂而運旋轂又待闔闢之催逼其用方全如或不透再參六候圖中無不盡其妙也往來不窮者卽先天後天二炁轉運之消息也通者

通達元關乾坤共運之機也若以口鼻一呼一吸謂之往來不窮者則去先天大道遠矣問曰若何爲哉答曰以後天之息用先天之息也呼機爲闢爲乾吸機爲闔爲坤乾坤者天地之定位在人首卽爲乾腹卽爲坤變乃乾坤中之主主宰卽我之眞意使二炁轉運機耳猶如南北斗星焉往來不窮者卽二炁之轉運爾來我往猶如鄉人織布之梭也爾上我下我上爾下故曰往來不窮雖然如是而先後又不可並主重用升降之際意雖主斗杓其神重在先天同行不過借後天闔闢之機以運先天耳又問曰弟子愚蒙懇求至理方敢自用但只是泄漏有過于言者曰世尊云度盡衆生方自度焉得有過乎況且釋教今時又無此雙修答曰此乃轉法輪之秘機也千聖不肯明言萬祖不肯指破妙中更妙微中又微非凡夫俗子可聞非夙有善根者不能見之又曰弟子懇求和尚垂恩答曰闔吸雖是下坤而坤腹之元炁過我升之升升之者升于乾闢呼雖是上乾而乾首

之元炁過我降之降之者降于坤總是先後二箇升降面背中三條道路共乾坤之轂軸通元關之消息而主宰在乎意運行總在乎神一吸一升一呼一降不可差之毫髮循規行途數之限步不可不及而太過乾九坤六四揲成章命乎造化同乎輪轉不偏不倚正正相當任爾三教是是非非成乎其道者不離此方

又曰

乾爻用九坤爻用六

此言轉法輪爪之規則限數也乾用九者四九三十六一二三規爻皆用四揲之坤用六者四六二十四一二三規爻皆用四揲之且古以後一規至六規爲升升合乾故用乾爻乾策乾爻用九而四揲之爲三十六故法輪升亦用九同于四揲乾策總六爻之四揲二百一十有六故升總六規亦二百一十有六稱爲升也以前一規至六規爲降降合坤故用坤爻坤策坤爻用六而四揲之爲二十四故法輪降亦用六同于四揲坤策總六爻之四揲一百四十有四故降總六規亦一百四十有四稱爲降也

合之得三百六十而完一轉法輪度數之義但其中猶有沐浴二規不用九六四揲則不滿三百六十之義只有三百前言三百六十者而沐浴不行闔闢無數六十在其中矣

華嚴經曰諸佛定能應時轉妙法輪

此乃沐浴二規之法喻也定能應時者即沐浴二界地也儒謂之卯酉二時釋亦謂之時也若不曰時因何有應時也定者謂此二時不行呼吸神炁相抱相守定而再轉儒謂此二時乃生殺之方刑德相反不宜有事定守無所事也且行法輪之時而規規有沐浴法問曰只聞東西爲沐浴未聞規規有沐浴請開示華陽云轉法輪時呼吸之氣如車水板一般一板一板而運上一板一板而退下既有規則焉得一息而運至于天耶縱運亦不合法輪之輻爪不成規則之步位若此混運則道不成矣問曰弟子愚蒙難以悟入再求開示答曰行法輪之時呼吸之氣有回轉之機就在此回轉處而有沐浴也問曰何爲沐浴答

曰呼吸退爲沐浴呼吸進亦爲沐浴在前後之分耳此古不泄之機釋家譜世尊曰入池

沐浴池者乃東西地也世尊昔見明星之後入此二池而沐浴此時薰蒸樂者即喻此二方也此法自漢至今得者藏秘惟有寂無始露其法也

華嚴經曰爲踐如來所行之道不遲不速察諦經行道者路也即任督二脈也不遲不速者以呼吸定其法則察諦經行者凡行法輪神炁必須同行同住若泛然于道外而行渺渺茫茫不由道而循行此不得成舍利

如來曰不得勤不得怠凡行法輪合乎自然同乎大道若勤則太過而風大法輪不能轉運而熖無所制若怠則不及而風小不能成長旺之功而變化也

燃燈佛曰常轉法輪法輪者西方之梵語此土曰升降曰進退即眞種運歸源也常者凡眞種產之時必當運行一轉如若不運則漏盡不能上而

舍利亦不成又不可一轉而不歇雖無大害亦遲其產機矣

世尊曰當轉如是妙法輪且妙者不可以言語形容故曰妙矣若夫無言後學輪又從何所悟入此兩者在得師與不得師耳大道最秘誰敢全泄余見世無雙修之客特指其是以示之使學者盡其精微夫妙者消息也知之者最簡最易不曉者實艱實難譬喻自鳴鐘卽法輪也天地之造化盡歸于此鄉人不得見鐘但看水碓水磨其理一也問曰鐘于碓磨何比道也答曰鐘之鍾卽喻呼吸鍾內輪子卽元炁水沖者喻呼吸也轉之者喻元炁也但碓磨消息似同其法又未甚全而自鳴鐘以全大道之功何謂也碓磨只見其進不見其退鐘內輪子順轉則爲進順極則逆而逆轉者則爲退也

六祖曰吾有一物上柱天下柱地物者儒曰元炁也柱天者卽上升于頂也下柱地卽下降于腹也

釋家譜曰海水灌太子頂海者

丹田也水者元炁也釋教喻名曰曹溪水曰洞水逆流
曰一口吸盡西江水灌頂者卽上升也太子卽如來也
世尊曰火化以後收取舍利此言舍利將成之時也火卽神也舍利全得火以成
功然而成者必有所成之效驗非空虛而無知也其舍
利成之時虛室生白而丹田如湯煎龜縮不舉卽用收
取之法運過脊後三關還之
中宮以養道胎故曰收取也　華嚴經曰具丈夫形成就
如來馬陰藏相馬陰藏者龜縮如線焉縮而不舉方爲舍利有成如或微動不可認成必須洪輪
煉之若不煆煉則炁嫩而力微難以沖關須待有沖關
景而後可移旣然有景法輪當止若再妄行舍利已成
而被火逼漏依然是箇凡夫或老者病者外腎不舉認
爲舍利有成則悞也乃無漏盡之資必加功修有所舉
動而後有　世尊曰能不死阿羅漢不死者言其壽長也
可望矣如果外腎不舉舍利

成就故此此不死如佛弟子迦葉住世七百年後遇世尊傳過關之法而成二祖如寶掌和尚住世一千七百十二年後遇達磨傳過關之法而後超脫此是得舍利未明道胎故住于世矣 此以上皆言轉法輪成舍利之功而慧命之道盡在斯歟此總結上文成舍利之法

子曰成舍利之道功法甚多曰眞神曰眞炁曰眞意曰呼吸曰主宰曰運行難以備記凡臨機轉法輪之際一意馭二炁而運行之法又在乎神之協眞炁而同途不可起于他見於十二規全仗呼吸催運以息數定其法則自採以至於歸根不可須臾離也離則斷而不續不

成舍利矣

且成舍利之道功法雖多乃至簡至易之法初行似難熟則容易譬如鄉人織布臨機之時手足頭目上下左右照顧接送初學其法最難然而熟者臨機之時不知不覺手足頭目上下左右照顧接送亦不知從何而主持乃自然而然之消息若有所執則不能成乎物矣而大道亦然凡轉法輪之際意注丹田而爲輪心神運炁而爲輪爪呼吸催逼而爲輪轂亦出乎自然而然之消息有何難哉不起于他見者轉法輪之際外除耳目內絕思慮一點眞神領炁循環稍有他念炁則散於別絡空轉無益且數者每步四揲升爲陽陽爲乾乾用九四九三十六乾策總六爻之四揲二百一十有六降爲陰陰爲坤坤用六四六二十四坤策總六爻之四揲一百四十有四合成三百六十數成其法輪一轉之途步限度不差絲毫之規則妙矣哉至矣哉是道也苟不用此萬無所成此法自漢至今秘而不泄佛佛密受祖祖口傳余備全而泄盡願有志者早成

大道夫三百六十數者實非三百六十數乃譬喻耳目輪之爪二十四根而以前後轉一回即成四十八謂之一回法輪而輪之外幡盤即成三百六十數實無差也故曰三百六十數矣

不聞世尊與迦葉之言乎曰正法眼藏此乃採舍利秘法天機故曰正法矣眼者神之所棲眼之所至神亦至焉

又與阿難曰若不知心目所在則不能得降伏塵勞此乃楞嚴之妙旨取舍利之密機若不以心目取之舍利不能出爐故上文所謂正法眼藏能採之者實有異焉至於三五日間丹田漸次溫暖團成牟尼形如火珠效驗漸次而至妙境不可勝比矣蓋採之時專視不可須臾離也離則火冷烝散不成牟尼故曰七日思惟豈可輕易哉夫若不用此法而用別法舍利萬物所得無非長生

法華經曰我今為汝保任此事終不虛也汝當而已

勤心精進行此三昧於七日中思惟如是事事者釋教別名即儒所謂眞炁也炁得以前風火之法煉成舍利故曰不虛也又須晝夜無歇念茲在茲故曰勤心精進萬慮盡空一點靈光專辟舍利故曰思惟如是事七日者乃採舍利之總訣即儒所謂七日復見天地之心又云七日一陽來復而物之採或五日而得或六日而得豈有定哉

世尊曰六種震動此言舍利所產之景也六種者即身中六處也非世界六處矣眼有金光耳有風聲鼻有氣搐腦後有鷲鳴身有踊動丹田有火珠馳是爲六種動矣

又曰眉間常放白毫光此乃舍利已成之時常於暗室之中或見白光一二四五俱無所得不多不少之間採而即得矣佛道妙用是其時也且舍利將出爐自丹田至目一路皆虛白晃耀如月華之明若米明前之功法外腎不縮如馬陰藏之形或有光者乃屬想妄而生非舍利

之光也 世尊曰蘆芽穿膝 蘆芽者過關之巧喻卽丹田所煉成之炁名曰舍利或名菩提或名明珠其名甚多無非此炁也穿者穿過後三關也若用意穿屬于導引傍門而不用意失於相隨之機此兩俱不能過不引不失之間內有天機必待師傳誰敢妄泄此乃千佛萬祖至秘至要之訣自當懇切求師而後有所望焉 達磨祖師曰折蘆渡江 此以過關之妙喻奈何凡僧未得眞傳便謂祖師折蘆渡江以至熊耳山下豈不謬乎海不能渡焉能渡江乎然祖師生于南天竺國得法欲東遊是國王以巨舟實以重寶與之渡海凡三週寒暑至廣州登岸先結梁不契後結魏了其大事蓋折者採也蘆者舍利也渡者運行也江者創通行之道路也 世尊曰一箭射透九重鐵鼓 箭者眞炁也射者神炁同行之法也九重者人身背骨有三關尾閭夾脊玉枕三關左右皆有竅故曰九重當過關之妙法必

由中竅而運行若馳別路不能得道矣

又曰禪悅爲食

且禪悅者快樂之境也食者食舍利之妙喻非飲食也卽眞炁以上頂入喉還于中宮故曰食也且當未食之先有蹊路之危險須當防慮舍利漏泄是以下喉竅實蹊路鼻竅虛實而不行虛則泄矣若不求師親指所成舍利無得通挾鼻牵牛之法妄馳虛竅費盡千辛萬苦纔得舍利成就以此盡廢豈不痛哉

又曰法喜充滿

法喜者卽眞炁也眞炁既歸中宮漸漸不食故曰充滿其間有三月不食有四月不食定力專者得斷食速定力散者得斷食遲且斷者非勉强也炁滿神定自然而然不食矣

世尊本行經曰若至恆河水南岸安穩住定如須彌

水者乃梵音之巧喻是所煉成之舍利也南岸者卽中宮也舍利既歸中宮神炁猶如磁石吸鐵兩不相離一得永得無所妄馳安穩自在卽儒所謂允執厥中而識性漸漸消磨

眞性漸漸靈覺妄念無正念自存卽華嚴經所謂晏坐靜室恆作是念者是也楞嚴經曰行與佛同受佛炁分如中陰身自求父母陰信冥通入如來種名生貴住 且行者非行路也亦非行事也乃修道胎內功之行矣舍利旣歸中宮而神受此佛炁制伏不馳神得炁定炁得神住相親相戀鎔化合而爲一所謂行與佛同受佛炁分性卽屬陰所謂陰身佛炁卽爲父呼吸卽爲母到此節又不可枯寂無爲佛炁有生活之理呼吸有資養之機必當以性求二炁之備補佛炁生時使而歸源助我胎之圓滿呼吸綿綿使而朝此助我胎之化育所謂自求父母又不可執其一而迷其二到此太空有一炁自明堂而來歸于中宮我則鼓動闔闢使入週身逐其周身陰氣變成純陽之體三百六十骨節八萬四千毛竅無不通達所謂陰信冥通凡軀自忘道胎以存一派天眞佛體所謂如來種雖居

道胎無形無象定慧圓明所謂生貴住矣世尊曰於欲色天二界中間化七寶坊如三千大千世界說甚深佛法令法久住欲色者乃西方之梵語中華名曰下中二丹田也故止觀云西梵優陀那此土曰丹田化者神之妙用養道胎之法踏在中田必兼下田合化成一虛境若神之執住中田則道胎有所滯碍而非七寶坊矣三千即上中下三田也俗僧謂過去一千現在一千未來一千名之曰三千豈不謬乎蓋煉舍利時住于下田用功謂之一千說法矣然必由上中二田之循環養道胎時住于中田有十月之功故曰令法久住亦謂之一千說法矣然必由上下二田之路過而後出定之時住于上田亦謂之一千說法矣故曰三千也華嚴經曰以定伏心究竟無餘者且定者非兀坐枯禪頑空強制而能定也是有自然之定靜夫舍利歸于中宮識死性活

法喜禪悅眞安妙樂無內無外渾然一團禪定非凡僧之可比朗朗兮性如秋月融融兮命似醉薰心自內觀舍利薰蒸其骨肉如沐浴而心性似太空了達無爲兮安寂六根靜照八識兮空其五蘊雖有循環之機而眞性安然無餘矣

世尊曰如理而來如理而去上文謂得舍利之證驗此明初入道胎之修法且來去者卽喻呼吸之氣也示人修道胎時必依于息而後能離塵離境至于寂滅故曰如理而來如理而去所以禪師云未到水窮山盡處且將作伴過時光蓋爲人自離母腹呼吸之炁及元炁皆發散于外日用長行丹田本無了胎中之息因得神凝炁住煉成舍利歸復于此又必以呼吸氣亦歸于此元炁炁爲結胎之本呼吸爲養胎之源又當知以心主宰而定息息未定時以心調之息不調則不定不能證道初入胎時調息之法豈可少哉如理而來如理而去卽調息之義豈所以傳大士云六年雪嶺爲何因志定調和氣與神一

百刻中都一息方知**如來曰有餘涅槃**有者有息也凡大道顯三乘是也　初入道胎之時心依于息息隨于心不急不緩聽其自然又不可隨其荒蕩泛濫無知眞息在內本有息之胎而若空空無息非果無息而實有也故金剛經解云不知誰解強安排捏聚依然又放開莫謂如來成斷滅一聲還續一聲來卽此心息相依之義也　**梵綱戒經曰如如一諦而行於無生空一切佛賢聖皆同無生空**如如一諦而行者卽先天炁及後天之氣相兼相連氤氳滋補胎源之機不急不緩如如而行也若今之打七參禪謂諦行不亦謬乎故華嚴經云如來大仙道微妙難可知當其氤氳之時神炁渾合如沐似醉骨肉融和欲色二界中間不執不滯空空洞洞故曰無生空也　**世尊曰之空不空如來藏**上文謂無生空又恐人隨斷見矣故此曰空不空所以空而不空正

是寂而常照也不空者又恐人墮長見矣不空而若空正是照而常寂也**燃燈佛曰生滅滅已**生滅滅已者胎中之息未甚至于靜定而屈伸之理尚有故曰生滅必守致于無無其屈伸之迹故曰滅已只知有神不知其有胎中之炁謂之萬法歸一矣了心之法必依于胎而住所謂歸于法者歸此也若無道胎舍利眞元之炁强住心謂之滅已而證道者則安也**金剛經曰菩薩但應如所教住**且菩薩修佛心必須應如所教住而後證佛故經云菩薩欲要修佛應當如佛所垂教而住教者即道胎也且欲得道胎之住定滿足先住其心住心之要又必依眞息三昧而住定則不墮于六塵而逐迷惑如是正定而成正覺也即華嚴經所謂初禪念住二禪息住者是也**楞嚴經曰既遊道胎親奉覺應**此言神入乎其炁炁包乎其神昏昏默默渾運淪淪如母胎一般之景象故曰道胎又曰

父母未生前自造自化具大總持故曰親奉覺應者矣

金剛經曰菩薩於法應無**所住行於布施**前文謂了心必先依于胎息而住也心既住已不可貪着于息若念念不捨住于有息則息又縛心同于六根之縛心是爲不了之心故此日于法應無所住行于布施法卽息也心既住已當以施捨其息古德云過河須用筏到岸不須舟是也

華嚴經曰安住寂靜諸禪定智入不死道安住寂靜諸禪定者鼻無出氣兩手六脈俱住渾然大定絕無生滅卽華嚴經所謂三禪脈住諸根既住則常樂我靜智者禪定中之眞覺也安住寂靜禪定成正等正覺眞入不死之道如來實自取證者矣

世尊曰無餘涅槃無餘者無出入之息也湼槃者非死之謂湼槃是禪定三昧之樂也六根滅盡諸緣無住一性圓融慧光明徹法界是無餘湼槃之外境矣卽如來所謂分明不受燃燈

記自有靈光耀古今者是也華嚴經曰恆以淨念住無上覺淨念者不住塵
妄亦不住于法縛乃不生不滅禪定中之正念也即華
嚴經所謂四禪滅盡定是也無上覺者佛道圓滿之正
覺慧光朗徹無晝無夜得大自在俱足六通實謂之無
上覺也且念住之時則慧自發明切須慧而不可用若
不守定貪其勝心用則着于魔
境被識神所害廢損前功矣燃燈佛曰寂滅為樂寂滅
者非死亡之謂也乃胎圓性徹之實證矣故楞嚴經曰
覺道圓滿佛性景象寂寂兮慧智朗徹耀耀兮定覺無
為心無虛妄性無生滅即六祖所謂禪心無想禪性無
生六脈全無鼻息滅盡故曰寂滅道胎佛性融融然如
果日故曰為樂又曰真空無為且到此時節雪花飄空
出定景到移念于須彌外未到大定無出定之景到妄
出則入魔道有景到而不出謂之守尸鬼亦無神通之
智慧又是一愚夫耳故彌勒佛云饒君八萬劫終始落

空亡者是也予故曰舍利過關之妙法以靜而照以柔而用蹊路險危防上下之馳散待動而引柔護而行以文火而薰以二炁而養以寂照而並修以雙忘而定靜則道胎之法得矣此重復明得舍利養道之法也且靜照者卽取舍利之正功不靜則不生發不照則不出爐取舍利靜照之法豈可少哉故世尊曰心目所在蹊路者陽關大便鼻竅卽漏盡之所也必先以法器制之保護危險之患此之三竅若無眞師授受必在此妄馳失喪矣非引而通動而並行全賴念頭護持故曰善護寶珠當此之時如過小橋故曰待動而引柔護而行胎因舍利之炁有若非呼吸之化育焉有出定之佛子如昔在母胎時得二炁而成形又假呼吸化育母呼一呼則胎亦呼一呼母吸一吸則胎亦吸一吸而道胎

亦然矣初結道胎之時假呼吸之火薰養及至五六月二炁漸微而至八九月間二炁全定只知有神不知有炁當空之時而頑然乎空者則墮于斷見故空而又若不空此正是寂而常照也當不空之時而只知乎不空者此墮于長見矣故不空而又若空此正是照而常寂也一到大定渾然合一則出定之景至矣此以上之眞訣千古不肯明言顛倒比喻使人難悟余湊合逐節以成全旨眞乃萬世學佛之舟梯矣

不聞華嚴經五十卷之言乎世尊從白毫相中放大光明名如來出現

此以下言出定之景也上文只言養胎而出定之時又未顯然如來恐後世不知此理捨大慈悲故曰從白毫光出萬世之下方知有此爲憑據矣蓋出定天機非俗僧可得也自漢至今能幾人知哉此乃如來當時自所取證出定之驗矣出之時或放白光或放金光本性有所見即當求師用收光之法如若不收其光

則馳散矣有形不能化至無形性雖妙而形不妙是未得世尊達磨寂無之全法學者當急尋師不然錯過其機再無有也

寂無禪師曰胎圓節至雪花飛念動飄空上頂機莫謂如來枯寂道法身出寂又歸依此乃出定之時當出而不出則滯于法身為定之所縛不能神通千百億化身胎圓節至者道胎圓之極也見雪花離凡體而念動向太空不知此機是未得師也如今之叢林枯坐攝心為道自高自大哄弄檀越後學自悞而又悞人不知如來白光祖師雪花空自為僧賴佛藏身食檀越之信資忘父母之大恩為男子身頂天立地不悟此道豈不愧哉且法身出定離凡軀時即速依然歸于泥丸養純一七再出初出之時或見佛祖菩薩美異之景切不可認他此乃魔之變化若認即著于魔為魔所誘迷失自軀無歸宿矣即此歸寂佛果未圓難自立脚豈不生于後世必須修

持九地至于十地更加持上至十一地等覺以超出無
色界上者也蓋初出之時離身三五尺愼勿驚恐一切
莫認直等一金光如車輪大以念入于
光中收攝性中是爲化形之妙本也楞嚴經曰形成
出胎親爲佛子十月道胎得二炁滋養胎圓性定謂之
成形出定智慧廣大無所不見無所不
知出有入無聚則成形散則無宗光法華經曰世尊放
周法界神鬼侍護故曰稱爲佛子矣
白毫相光照見東方萬八千世界靡不周徧下至阿鼻
地獄上至阿迦尼吒天南西北方皆如是炤見周徧且法
身出定久則無所不見猶如掌心阿迦尼吒天者色界
天頂之名卽色究竟天是也道胎十月得定功行已至
此天故出定所以至此天也四方上下
無所不見非要見也乃自然而然耳大覺金仙如來

日從肉髻中涌百寶光光中涌出千葉寶蓮有化如來坐寶花中 此即楞嚴示人朝暮念誦之文也而凡僧不知其所由來空此念誦矣蓋金仙者即華嚴經世尊之所自稱也或名大仙或名七仙或名眾仙豈有定哉了然問曰佛教今時之僧謂仙為小道如來又何自名此四仙也答曰佛原無彼此之分所分之者乃凡僧耳如來自曰四仙者正是使天下修道者不執門戶以總歸于世尊慧命之道也又問曰楞嚴經謂十種仙報盡還墜何也答曰十種仙還墜者而起手修之時原非慧命之道乃傍門小法耳所以成者亦小果耳故有所墜也若得慧命起手則不名十種仙而名金仙矣且金為西方寶即炁也炁屬陽神屬陰陰得此陽故成陽神陽神者眾人有所見也亦得取物陰神者眾人無所見也無能取物矣 世尊曰初成正覺乃入龍宮入定七日觀菩

薩樹王入定七日至二七三七於乳汁林入定七七四十九日不食初出定時養至一七再出又至二七再出至三七再出至七七一出乳汁者西方之梵語也此土謂之乳養譬喻兒出母胎雖具人形不能遠行言語全得母懸朝夕乳養而後自行言語智通廣大而佛子出定之後亦然朝夕之乳養在泥洹到此不飲不食養培智廣變化一而化二二而化三化化無窮故曰千百億化身也或問曰五燈會源謂入定爲外道今此所言入定豈不是外道麽答云會源言入定爲外道者是言未得慧命舍利之道空此攝心入定乃陰神之計耳非陽靈也故曰外道此世尊言入定者是得慧命成舍利之道胎出胎後之入定也會源不分其法則混此一言迷誤後人況且六祖慧命之道實秘而未傳所傳者無非孤性而已故不知世尊七七四十九日一定之道也苟不明世尊慧命道胎謂入定爲外道焉得

世尊當初修外道乎後世又敢稱爲至尊也世尊又曰
八萬劫中一定豈又是外道乎此文七七四十九日不
食乃世尊自所取證也苟三日不食則嗚呼何足爲道
哉學佛之士速早求師指點慧命舍利道胎而後有所
望焉不然十煉九空甘自枯
死縱妙無非識性孤魂而已**世尊曰護念法令久住**此即
言歸于泥丸乳養之功也上文言乳汁即護念之
法矣久住者眞念當定住于泥丸故曰大定者矣**華嚴**
經曰雖證寂滅勤修習能超如空不動地佛勸令從寂
滅起廣修種種諸智業上文言久住得生滅滅已而寂滅之雖然寂滅必加修而久遠
寂滅如虛空等全然不動之地佛囑人曰必要從此初
得寂滅勤加修習智慧進進不已空而又空虛而又虛
故曰虛空界盡我
此修行終無有盡**華嚴經又曰恆住涅槃如虛空**性如虛空

不著虛空相故日虛空若著虛空相卽有箇虛空在而爲虛空所礙則不爲虛空矣而虛空者乃自然而然非有然而然者故日如虛空者是也

又日心常正定滅除覺觀而以一切智覺觀從此不動入無色定

此卽復言還虛空之性也能到虛空境界眞心常定一切智觀滅除渾然無極或一定三載或一定九年一點金光眞火收藏于內日久月深則凡軀亦化而爲烝神既妙而形亦妙矣如世尊既滅度母來悲啼湧至盧空又與母說法如達磨在少林滅度又隻履西歸在路親與宰相言語辭別寄信與少林宰相同寺開棺視之並無形骸一空棺而已如寂無在太邑凡身變化百于隱則無踪或與人金銀或與人美女或顯虎龍或一時同轉萬里禪師隱于盧山還虛此常定之心豈可少哉故世尊云八萬劫一定是也

圓覺經日如來圓覺

圓覺者眞性還虛虛之極至矣無凡

無聖無晝無夜一性太虛卽邵子所謂道通天地有形外思人風雲變態中天地劫壞這箇不壞故彌陀經所謂成佛以來至今十劫者也

華嚴經曰法性如虛空諸佛於中住

且性既如虛空則無所事也而又曰于中住者實有一還道理人多不悟殊不知此乃煉虛之妙法眞性復歸中宮之秘訣且中宮者如來謂之毘盧性海將此眞性住于性海如龍養珠一切不染依滅盡定而寂滅之縱有光現斂而藏之定而又定久而性光化爲舍利光從性海中沖出化萬萬道毫光貫于太空與古佛如來相會所以大覺禪師云一顆舍利光華華照盡億萬無窮劫大千世界總歸依又荷澤禪師云本來面目是眞如舍利光中認得渠萬劫迷頭今始悟方知自性是文殊是也

此以上皆言舍利之過關養道胎出定還虛之妙法而慧命之道盡在斯歟余不

敢謂此集爲自論之妙道是皆會萃先聖之眞傳卽後來萬劫勵志者悟佛道修慧命之根本使見之者卽自了悟契合佛祖之眞旨而成已又成人則佛道之果證矣

正道修煉直論第十

華陽曰修者以破而補圖蓋人之生也原稟性命完全之體及其年壯炁滿而自漏當未破時若遇明師指點不用補法就此頓超直入于如來之地矣已破之者必當補完全體且補之者必借動機以發往外之炁收回補不足之炁補到炁足生機不動便成馬陰之相謂之不死阿羅漢矣

煉者以火而化物且物非他物即我之元炁也元炁雖藏炁穴動時向外變為漏盡之資今既歸源則用火轉化而為炁矣**火非風則不灼**上文既言火以化物恐人不知用風則物難化故此必要呼吸吹噓火纔得灼而物纔得化而為炁**物無所則無居**居即炁穴也物之生時原從炁穴而出今仍歸炁穴而用火風亦在此矣**是故至人參乎大道修乎性命風火**

物所並而同用以意入于炁穴以呼吸逆吹之豈不是同用者哉上下萬古成乎其道者莫不以此而爲要也蓋千百世以上千百世以下此人此心欲成乎其道者無非性命而性命合一者無非風火所謂天下無二道聖人無二心也奈何知之者稀焉昧之者衆焉且世之學佛者日念經拜佛日受戒方丈最高者日參禪打坐說到性命二字舉世罕知矣執性之命不識動靜往往到頭虛老蓋今之學佛者謂佛修性而不修命殊不知如來大藏之教性命雙修有無原是並用以執死禪不識動機初習者如佛無二久則無所效驗自生退悔一場空死有何益哉命動而外耗耗盡嗚呼性何居哉道何存哉今之爲佛門者不得如來之眞傳執性不知命實慧命發動不得知其法收住雖不變爲

漏盡之自耗散耗盡焉有不死既死又將何物爲道哉是以至人察乎動靜之消息合乎並修且世之凡夫纔欲修煉便已離別父母妻子孤自深山窮谷或高菴大寺謂靜可以修道誠可笑也苟未得眞傳如此枯靜不識動機如癡猫守空窟有何益也故紫磨光如來云不識動靜學道無益至人靜其心以候腎之動機移入動處合並而煉心腎相合即是性命合一所以古云一合相者即此矣

命者根於腎腎動則水也命者即元炁也炁動即變爲水矣性者根於心心動則火也性者乃眞意也意動即變爲火矣以火入於水中以心中之意入于腎中之炁則慧命而不外耗炁得意協住則不外馳矣以風吹火化而成眞種蓋風者呼吸之息也火者意也上文言炁得意協住故不外馳其中尙有漏盡之散影未

化故此此必要呼吸之息逆吹爐中之火化此霞影遍盡變而爲炁不然此物作怪攪亂君心思想慾情即孟子所謂炁亦能動志也楞嚴經亦謂之陰魔務要綿綿久久煅煉將此陰魔化爲陽光則身心自然安樂情慾自然不能攪動即世尊所謂入三昧火中而降火龍者即此矣此道釋門之秘也有志之士得者如法煅煉用之得力慾不用除而自除心不用靜而自靜所謂以道制心而心自道是道也能用之久者天機忽然發動無中生有即名眞種矣**其法簡易**難修難成者盡是外道如果有緣得此道者至簡至易所謂八十遇正道即成道矣**悟之者修眞種而成舍利**悟者非無訣無傳如今之禪門空空教人悟想則謬矣此即實有眞功眞傳教人轉手採取眞種煅而成舍利矣**靜時而候**機之未動仍以靜而待之**動時而取**機之既動以意取之**同爐而煉**意炁合會一處**故曰火化**世尊

謂之火化行乎如來之道路路者卽任督之脈絡也亦謂之法輪路矣宿乎世尊之樹下蓋樹下者卽丹田淨土也昔日世尊修煉在于菩提樹下入定卽此處矣斯謂之行住矣道一禪師云未有行而不住未有住而不行卽此也且火之行住實隨物之變化且物之行則意亦當行物之住則意亦當住矣陰魔現時卽當以武火煆煉免其奔馳漏盡之危險蓋陰魔者卽身中之陰氣也陰氣之變現或夢寐所見陰人或是身體發障或是坐靜偶見陰人或夢寐所見虎怪俱是陰氣所變化走漏舍利之壞病必當風火猛烹極煉燒得裏頭鬼哭神嚎將陰魔煉盡而後則無危險之患矣淨靜太平常自柔和而溫養以爲護持寶珠之堅固身體無所怪見以意照顧溫養且如轉法

輪之際文武兼而並用其中精微之奧妙又在師傳而自悟也蓋行法輪之功升降爲武沐浴爲文而升降之中亦有文亦有武總在師之傳受而精微之處又在自悟矣舍利成之時止武帶文之薰聚且舍利成時即用文火團聚若不知止再用武火所成之舍利又被武火逼散此處當知危險至要至要者也斯謂之溫養實喻爲保守也舍利成時止其呼吸之武火用神光返照之文火且眞意又當時刻照顧保之防危當其時也時者舍利將生之時也明珠現而百怪滅明珠者舍利也舍利已成則顯然而露象百怪者身中陰氣夙病也明珠一現陰氣夙病頓除故曰滅矣柔運漕溪之大路漕溪者背骨之髓路也採舍利時必由此路矣緩而行若馳別路是舍利即不能得矣道胎立

而千智生且舍利歸中宮髮白再黑齒落重生智慧成
大遍去未來無所而不知切忌慧而不可用
也 温養允證如來定慧且到此地位俱是文火薰蒸再
無所失所謂一證永證常自定
覺于中央慧照 夫慧而不用勤修禪那者性也到此只
于性海者矣蓋禪者靜也那
修自己之定性以調自己之息火一 愈加靈智之光耀
切知覺先後禍福知而不可用也
且慧而不用道胎 寂照常自覺悟休隨昏沉散亂之海
之性愈加靈通矣
此言寂而常照也覺者知也言禪定之中必要有正
空 覺知見而後復見性體華嚴經所謂恆以淨念住無
上 覺若隨其昏沉則胎無息墮于無知屬于枯寂頑空
之 外道若隨其散亂則胎無主火冷烝竭無所成也
持守定力在乎空性一念之誠也 蓋胎中定力在乎一
念之誠十月之胎必

要念念在胎念住息定而後胎圓華嚴經所法性定時
謂安住寂靜諸禪定智入不死道者是也見出
雪花亂飛靜室之中偶見雪花飛斯謂之出定矣定之
景至即當出矣不出則滯于胎無神通
智慧之變化雖成胎圓又是一愚夫耳蓋大道靜極之
中而又生乎動機所謂璇璣復建於子眞物再動於靜
極蓋物者至陽之物也此物靜極復自動矣所謂陽無
極剝盡之理若夫至人造乎日月推情合性轉而相與
所謂重造乎妙道再立乎戒定慧且此一段功夫古人
隱而不露或是怕泄
漏天機或是未得者有之凡修煉之士既得此物來收
聚于內將所出定之法身亦歸于內合而為一長入乎
大定矣定定不已至於無極而至極者也

正道工夫直論第十一

華陽曰下功之時處於靜室靜室者不近閒人之所恐來攪我之靜也身如槁木坐則忘形心似寒灰靜則忘心以靈光爲用回光返照並性命而同宮以性入于命宮是謂道之首也此言修性而命即在其中故曰首也且靜極而動者且人能到眞靜之時內有一機頓發即非心也亦非意也乃丹田之炁動也五祖曰情來六祖曰淫心即道心學佛之士若不知此動機乃無下手之處雖修無益也大道之根苗佛祖知此機來用法收回丹田煉成舍利牟尼超凡入聖由此而起故曰修大道之根苗也造物之主宰且凡夫不知修煉因此機動無法制之則心亦動焉即孟子所謂炁亦能動志者也如此男女交合則生人道

矣而萬物亦因此機動雌雄自合亦生萬物世人因自好色謂修道者亦是好色實不知其法也佛祖專候此機之纔動不等心之轉念以火煉之以風吹之外腎自縮心如涼水何好色之有乎且焦螟虱子豈有色心乎此乃道之化育天地之眞機自然而然非有心也凡聖之變化總在此順逆之間耳

炁旋竅開

且炁者古人曰物曰水曰關闔事其名甚衆竅即丹田炁穴也開即命門醫書謂兩腎中間爲命門悞也此門即在臍下女人謂之子宮門正此也男女泄精正在此處也

慧命之情喜向乎其外

益慧命乃世尊巧喻之別名中華所謂元炁者也人自受胎稟造物主宰之炁而在其內佛性亦在焉所謂天命之謂性也通八脈與母呼及相連口鼻絕無氣也及其囫地之時口鼻一通八脈不通元炁內藏及其年壯元炁拱關而出楞嚴經謂之漏盡通矣竅既開矣自後其機一發無路可行順此熟路而出余有俗堂弟字道寬法

名原明久住金山以得金山之法後住懷邑勇水菴爲方丈曰禪教原不問此事似過涵灌只悟自性不必究他余曰既有走漏則與凡夫淫媾似也楞嚴經云婬身婬心婬根不斷如蒸砂石欲其成飯經百千劫祇名熱砂必入魔道輪轉三途終不能出禪教何得不問也世尊慧命之道佛佛相應祖祖相傳若能自用則三種經事一煉自斷其中有深旨

攝乎其內 攝乎以呼吸攝之呼吸非意則無主矣內者丹田也

綿綿若存念茲在茲和合鎔化而爲眞種之胎源實爲正道之眞傳矣 上文所言攝歸之法此則表時刻溫養之功且命既歸源又當時時呼吸噓之刻刻以意守之似爐中之火種意炁雙鎔變爲眞種實爲性命雙修久則無中生有除此之外盡屬傍門終無所成也

古之曰火化 火者眞意也 曰和合 性命合一 曰對斗 對者返觀也斗者丹田也

曰跏趺跏趺者以眞意坐于吾身北方水面入滅爲初關下手之法也昔商那和修尊者見阿難坐于中流水面跏趺入滅三至參求後阿難付以正法眼藏而爲三祖者是也是闡明此道之用也千萬般之巧喻無非性命二物而已矣功到時至且非一朝一夕日集月累而後方可望也又在乎老少勤怠之分耳時者非天時之時餌吾身物產之時也無物之中而物產焉物產心有所知若兀坐頑空則當面錯過矣斯時不令其順而逆之物產原是下流順出故用意息採之達磨謂之採取順出謂之漏盡通逆回謂之採取也物既歸乎其源源卽丹田也則有法輪之妙運後升前降謂之法輪起闔闢之消息闔闢者內外呼吸也外面之呼吸降則裏面之呼吸升之外面之呼吸升則裏面之呼吸降之徘徊

上下徘徊者活動之意上卽頂也下卽腹也六祖云吾有一物上柱天下柱地者卽此矣立乎天心天心名曰中黃居于天之正中一名天罡一名斗柄在天爲天心在人爲眞意中宮若失眞意猶如臣失君主矣凡轉法輪之時必以眞意坐于中宮而爲車軸之心使爪之運轉矣依乎任督凡轉法輪之時意命必須依乎任督而行或意行而命不行或命行而意不行則不成舍利矣歸根復命還于本地也故謂之四候六候者也採封升降沐浴也數足物靈則有採取過關之訣在焉夫既明前所用功之法久久行持竅內滿足一靜則天機發動週身融和快樂陽物全然不舉故曰數足物靈也且物既靈卽當採運過後三關歸于中宮其訣最有秘密之妙不敢言者而放言之矣夫或採而不生者不當採而採者其物嫩之矣或生而不取

者生而不知則當面錯過矣是不得訣之眞故也此皆未得師傳之過矣且欲

得訣之眞者又當虛心求師久久護持蓋世之學佛不得其全訣者皆因已有所知所能輕師謾法故不得其全訣矣若能虛心懇切執弟子之禮行弟子之事久久眞心護師成道豈有不得全道者乎培德捨力蓋德者道之體性之用欲覓師道而不修德焉得遇之德和道者如鳥之羽翰焉缺一無所用也力者財也古云法財兩施彼此同成正覺苟日稱修道分文不捨沽名釣譽假佛遮身就有佛道高入泛而不視矣然後大道有所得也世之學佛者謂坐而有所得豈不謬也如劉志略乃坐懷而得因結交有力與六祖同藉其力也蓋出爐之消息爐卽丹田

也又賴意之靜觀物則生焉蓋意觀者如來云若不知心目所在則不能降伏塵

勞物之出爐于不出爐總在乎意之力也且物又是元炁之喻名耳**如來謂之爐中火發**此即紫磨光如來之言也火者暖也發者動也此是舍利產之景也**斯時牟尼露象**上文言暖者乃內景也象者外景也**不懼不驚**或者乍見此景未得眞傳認爲外物而不禁驚呀則心動神馳舍利亦散欲望成道不亦遠乎**動而並行**命行則意行命住則意住故爲並行者矣**切防蹊路危險之患**蹊路者前註于集說矣**渡過洹河之渡口**洹河者背骨之髓路也上下有不通之處必要眞意度過此處故曰渡口矣**由漕溪而上鷲嶺**漕溪者即上文髓路也鷲嶺在頭之後也**達須彌而下重樓**須彌頭之頂也重樓氣喉也氣喉有十二節故曰重樓也**往南華花世界**且往者慧命之來也昔日法華會上龍女獻珠往南方女轉男身成

證佛位即此喻也蓋甬者心竅也心之喜動而不喜靜喜新而不喜舊時刻遷移進出無時莫知其鄉自無始而至今四生六道無有休息所謂人死不知心今幸得慧命來相制伏變種性爲眞性煉識神爲元神猶如鉛之制水銀一般則水銀死而無馳弄之性矣若不得此慧命來入心竅而亦不能自定縱有所修無非後天之識性非先天之性也先天之性因地之時落于命中故曰天命之謂性學佛者自當惺悟先後之性若不自惺終無所成也

坐登佛光寶殿 寶殿者心下一竅也乃養道胎長定之處也

忽然溶溶如谷雲霏霏似春雨盤旋歛聚於中宮斯謂之結道胎 蓋舍利登中宮之時週身如雲之騰似雨之施百脈沖和暢于四肢急將心目左旋右轉四九而定右旋左轉四六而定性命盤聚于中宮結成道胎矣

安樂太平之禪定 到此無損無失一得永證

何得不安樂自然禪定寂靜矣勿助勿忘而養勿寂勿照而溫且初結道胎時後天之息本似于有而不著于有故曰勿忘道胎既結則意在乎其中寂然不動又不可隨其昏昧心須常覺常悟故曰勿照靜定之中忽覺一輪浩月懸於當空且此月從丹田升于目前留而待之以眞意留之一輪紅日升於月中日月合並收而藏之用法收于中藏定靜之中習乎寂滅一念不生有無之場還乎渾然眞性虛無故曰無爲者矣空虛之至極矣且大道無窮焉靜極而生乎動一物上合於道胎蓋萬物極則還原而大道亦然矣靜極生乎動機有一點純陽之物從湧泉自升于中宮與道胎相親相戀和合合而爲一者矣而法輪之又重轉

矣且此物既歸道胎則自往下由尾閭上頂降于中宮是謂助胎源之至寶矣靜而又靜滅而又滅鼻無出氣手無六脈則大定矣胎圓烝足天花亂墜有天花墜則知胎足無天花墜則胎不足矣則佛子之定念當移而超出三界見此景至即當移念出定三界者下丹田中宮頂門謂之三界也是謂如來之出現矣華嚴經云世尊從白毫相中放大光明名如來出現者矣且出定之初防被外魔之侵撓蓋初出定時恐有諸佛菩薩來言語切不可答談只提正念遂出遂入不可遠遊矣一輪金光本是我所有之靈物取而歸之爲化形之妙藥且出之初萬物不可着只候自身中一輪金光現于空中將法身近于光前以法聚光取于法身內遂即法身入于凡身久久乳汁則凡

身立可化為炁矣恐不得此金光者則凡身不能化為炁故有留身之說者謂此也又在德行之故耳此即萬古不泄之天機今則泄矣收而養之子又生乎其孫且初出定時原是一身定久則百千億化身矣願備行滿之時隱於深谷絕跡還虛合乎妙道功滿隱入深山古洞無人往來之所兀然端坐煉形化乎炁神亦還乎虛形亦虛矣是謂如來末後之事也余願同志者休誤入於口頭禪三昧之外道認為正道則非正道也

禪機論第十二

華陽曰佛道性命喻龍虎龍虎喻動靜動靜喻禪機何喻之雜也且人從稟受無非性命而已另外又有何物或人若成乎道者先將保守性命性命之藏處別名曰龍虎龍虎之行住又曰動靜動靜則爲機靜則爲禪干名萬喻不出性命除此性命兩物都是誆哄愚夫之進門耳古佛曰不識性命則大道無所成千門萬戶費盡心機實不知性命或修性或修命亦無所成佛佛祖祖莫不由此性命而爲之修煉也且自古成道者未有不修性命而得證果矣夫既曰性命而又曰禪機者何也心靜者爲禪也心動者爲機也且人從稟受性命原是一團蓋人

受胎之時父母二炁合成一炁一點靈光之性即在其中古人所謂三家和合有其身真不謬也及其生也分而為二者矣且人之生時团地一聲性分于心命分于腎二物所隔八寸四分至老莫能相會矣當其節至體旺之時人到十五六歲丹田之炁自動而慧命之元寳元者即所受先天之炁也即有變化拱關向外之機者在焉蓋先天炁之隱于丹田後天足時則先天炁自動動而不修拱開陽關則變為後天有形之漏盡精矣不令其順出趁此之機機者在內有景在外者外腎動也迴光返照凝意入於北海則元寳亦隨意之還於北海矣寂無老師云凝神收入于此竅之中則炁隨神往自然歸于此竅矣又世尊云心目所在故謂之和合凝集以心合腎謂之

凝也因其有變化之順逆者順者元精亦爲漏盡逆者元炁亦爲物也故曰機也機者動也若不曰機則人不知慧命所動之至寶夫命者元炁也炁動雖不泄漏則亦外耗耗盡嗚呼修煉者不令其外耗收藏于內則成其道也生人亦是此炁故曰至寶矣以兀坐頑空如今之禪門不知慧命攝心死坐謂道謬矣迷卻性命配合之眞機不知性命凝合空自磨磚作鏡有何益矣且落於枯寂將以何者爲眞種哉不知和合凝集之法則無眞種產之景矣及其機之息也默照渾然故曰禪矣且機息者命不動陽不起故曰機息機既息矣迴光靜照無事無爲故曰禪也時至忽然而動又曰機矣蓋時者非天時之時乃眞種產之時也能知前所用之法自有眞種產之

時也急當採取收回于本宮不收則錯過矣圓通謂之盜著盜者取也起闔闢之消息闔闢者內外之呼吸也消息者元關之機耳運法輪之元機此即真種通任督之道路呼吸催逼故曰法輪元機也真種靈寶當歸根深藏藏于下丹田之所矣古人謂之返本復命也運行又歸于命之原窟矣然取得此種來由法輪之機如意斯謂之舍利舍利是命得性煉成謂之舍利矣去其有爲之功去其風吹運行之法用其無爲之法以迴光返照靜默而寂照之又曰禪矣此乃採舍利之功有七日之照也斯謂之心目所在在者心目在于舍利之處且牟尼之珠成團成一箇形如硃砂光似雪裏面紅放光則白矣融

似湯煎味如蜜丹田融暖口中如蜜活活潑潑流通而出焉又曰機矣出者出爐也不驚不疑以意定靜待而動取何候動而同行實謂之妙法善取之方也除此之法再無別法可取所謂柔能制剛迅此動機動者珠動也徐徐穿過三三之鐵關蓋徐徐者不前不後前則謂之導引傍門後則謂之存想外道故必相依而同行三三者背骨之竅左右有孔從中而直上矣斯謂之超凡入聖煉舍利在臍下既成舍利必要超脫離出幻境不超終有所患也牟尼之寶珠既歸中央心下腎上柔守而定照之又曰禪矣常以溫養禪定之中融融無爲之樂也一團太和之天理似醉如薰佛曰禪定之中三昧也且無爲之中忽有

為焉又曰機矣太空中一點甘露夫既曰無為而又曰機何也若不曰機則人不知有此妙物孤守於胎囊不知大道天人有相助之機也順此機之妙物收附於胎中以意逆至於中宮寂照而長定之又曰禪矣依然溫養斯謂之生滅滅已一烝一永定矣夫寂定之中一物超然而出又曰機矣從丹田而來有華稍而無形懸于太空稍而待之又曰禪矣二三息之間隨而又出焉又曰機矣亦從丹田而來有華而無形與前物相合收而藏之用秘密天機法收于胎中寂照柔而默守又曰禪矣無事于無為常寂而常覺寂照柔默之中二物從湧泉而

出又曰機矣有二道純陽之物從湧泉直升于頂降于中宮矣取而靜定又曰禪矣鼻無出氣六脈俱寧斯謂之寂滅也從無出入之迹且寂滅之定久紛紛曰雪滿空又曰機矣斯時出定之辨機乃是眞景不令其遲阻速以出之若夫滯於胎中缺少神通之變化又是一愚夫矣卽當而出之從頂而出斯謂之超出三界寧而待之離凡身一二尺候又曰禪矣一片金光來懸於當空又曰機矣收而入之之定而又定又曰禪矣久久長定形神俱化而禪機之說從此畢矣上下萬古禪機從此今則盡漏泄矣余願學佛者休誤入於

邪師外道口頭之禪機認爲眞機則非禪機矣

雜類說第十三

華陽曰成乎其大道者莫不因夙緣而得大道者乃性命之雙修龍虎降伏之法若孤修枯性則非大道矣夙緣者果劫所修之因今世幸遇雙修如朱涂乃童真坐于高房內室富貴之家不能訪道偶爾幸遇串通消息已得余之所指成其道果是其前因也晉時有祖師留記曰一千四百有餘之年涂子童真掃徑迎豈不是前所修定者即當過關出定恐有退墮之念會然曰他家只有他一人豈有不生子以接傳後代答云太上如來鳩羅摩亦有子問曰道既已成再生子豈不走漏答曰上等仙佛以神交或以炁交凡夫則不能矣欲生其子必以形交故有走泄傷其元本昔日如來往山之時夫人曰你去我日後何靠如來回頭指之曰日後你生一子後果生子又鳩羅摩乃西天十九祖中華國王請至此土說法之

後對王曰臣僧欲生其子王果與他女眾僧此時皆不悅羅摩知其情謂化王以針供眾僧眾不敢食羅摩獨食一鉢此時說法曰食得針取得親食不得針取不得親欤曰其針從諸毛孔而出後果生子此乃性命雙修神通之變化既成道矣何憂子乎

或見或聞而入及其成功一也

上文言果世修為有根基此言今生初修或見人所修而自修之或聞人所修而自修之一到功成行滿之時與前人所修一也所謂悟即眾生成佛迷則佛是眾生者也

又必在靈心決斷之力也

凡學道者必要一點靈悟不可聽他人之言總在自己之見識

不被傍門所惑不好小法所能

志者見傍門小法自然不惑不喜矣

善自虛心恭迎

高人志士善自求人

不執門戶

三教俱有隱師遇者即當求道休執迹矣

搜尋古之遺言求師悟道以此

印證眞僞授受之際必須審察逐節可合不可合之功法

且未得訣者先當廣看三教經文搜尋眞要遇師之時且看與此性命雙修合于不合若前後顛倒則非正道縱修無所益矣

如果訣眞然後行之可成也

得訣眞者何以見得益眞道者下手必是雙修修行一步自有一步之效驗矣

不被舊習所弄

舊習者昔日所作所爲今日不起不現爲煉心有力矣

不被魔障所侵

且學道之人有一段工夫且有一段魔障或內魔或外魔一點眞念藏于命中寂然不動爲煉心之純熟矣

疑心頓脫眞心長存

夫既得眞師口訣往前勇猛而進念念存眞爲道之主持矣

未來過去現在渾然

未來不思過去不存現在不喜三心俱忘渾然天理

見物內醒而不迷

卽六祖所謂見物心速起

聞聲內

定而不入心經解云任他世事紛紛亂堂上家尊鎮日安坦坦杲日當空十二時一點靈光常不昧寂寂返照朗然定靜之中回光返照北海八風無所搖動眼耳鼻舌意不動故曰八風矣則大道有所望矣如此煉心然後下手行功有所效驗則道必有可成心若不熟功無效驗道亦無成也夫至道不孤行且此道必要侶伴之護持力微羸弱無所成焉蓋力者財也有法無財功難成就六祖藉神會禪師之給付二十七祖因香至國王之財二施等無差別同成其道且以有積金盈匱聚錢如山而不信有成佛之道甘自爲鬼何足爲貴哉須仗有德同歸知覺且德者最難得矣必要有佛祖之心懷方爲道中之德如六祖將抵韶州路逢劉志畧遂結爲友此乃同知覺這道之德也訪侶護之眞僞須當入深

彼之懷因蓋人之善惡事久不察而自現矣或好勝心或圖有爲福德且勝心者謂我好則喜之謂我醜則不悅之此人不可學道矣且有爲者看經拜佛修橋補路修廟受戒俱是圖有爲福德於道無干六祖所謂有福孽還在豈可圖之哉或執己能世之無志者總謂己能或謂佛祖天生凡夫不得眞傳便謂得道者天之所生殊不知大道人人有分矣這等切莫露機遇此上四等之人一言不可發或重財而輕義重財之人即無仁德不足以載道也或有始而無終先甜而後苦或言善而心惡沽名釣譽或慾勤而誘哄小人謙柔而進或祖宗無德祖上無德子孫修煉天必不付其道觀此深秘藏眞遇此上五等之人如癡似愚若得其丈夫之眞者彼自究

竟根源常自悟性命累搜佛祖之秘密且秘密者卽性命也自搜性命足見受道矣生懷忠孝仁義生來天性前劫卽有修之根矣慈善濟物廣施仁五德之心戒全眞尊師重法誓立願深斯謂之道侶護法矣過此等之人方爲學道侶伴矣而後露如來之秘密泄祖師之元機到此方傳大道所謂施者受者同成正覺施者師也受者弟子也弟子能護師成道而後可傳道矣又云財法兩施同登彼岸彼施我財以濟其事我施彼法以成其道故如來云財法二施等無差別者矣天下大功之際且大功者卽過關十月之功也擇於靜地名山靜地者不近人之往來亦不近墳坵墳坵陰氣侵害山要古人成道之所則無外魔卽有正神護佑矣

房屋不宜高大（高大招是非）牆壁堅厚（以避惡蟲）明暗得宜（明則傷魄暗則傷魂）飲食最當淨潔（專食素飯素菜戒諸香五辛香則散炁五辛生婬精）備購諸般法器（且入室之時牀下安雄黃一斤以辟邪氣懸古鏡一面魔來時鏡中即現原形桃劍一把以辟外魔坐下必要和厚不生煩心矣）入室之時師徒誓立同心（修此大功必要同心合意方敢入室稍有不眞下功之人豈不損壞耶）功成道備當以遊戲人間接引羣迷（功成出頭闡揚妙法接引後學如六祖道成遇風緇而出接引後人說法度脫且今之林下未成道者先以說法則謬妄矣）廣施慈德之法雨普濟登岸之妙藥物我同途是古佛聖賢之願也

決疑第十四

了然六問

問之一曰拜佛不見成道何也答曰佛在太空何須拜也金剛經云若以色見我世人行邪道卽不能見如來

又問曰拜無用也答曰拜誠意耳與道無干

問之二曰念經如何不見成道何也答曰經是佛所造若是念著佛聽何須聽他若是念著自已聽亦不必如此而念金剛經云若以音聲求我世人行邪道卽不能

見如來佛乃西方人之名字孔子乃中華人之姓氏佛何罪於爾要爾念也譬如考試官欲取第一名唱聖人姓氏可通否六祖云東方人造孽念佛求生西方西方造孽念佛往生何方故念與道有何益耶

問之三曰受戒不見成道何也答曰戒者犯也戒乃昔日如來當成道之後以相隨者衆故文殊請如來設此戒以制伏下等人之法免其多事之故耳六祖云心好何須戒大道在性命之內此戒在皮毛之外兩不相干

故無成也
問之四曰打七一門釋教今時稱爲最上不見成道習
者反人人吐血是何也答曰自如來化西天二十八
祖東土六代並無此門乃僧高峯門人誣設坑害後人
高峯乃文字之學非如來之道況所習者是閉息之傍
門吐血者因跪香忍氣傷其臟腑坐打香板傷其脊絡
就是盧醫扁鵲莫能救之此門日後自有至人滅之以
救無盡性命矣

問之五曰有打七之人自稱頓悟佛性現在吐血反教他人習之果是悟得佛性否華陽噴噴大笑曰凡得道者百脈流通一團太和之陽氣全無陰氣之阻塞吐血者乃陰陽不和火氣盛陰氣阻塞之過耳命且不保焉能悟得佛性不待計較而自明也

問之六曰六祖聞經既以頓悟應無所住而生其心又何必求五祖答曰六祖所悟者乃是性道他自知有慧命之道故數千里叩求師恩以傳慧命蓋慧命必要師

傳空悟者不能得矣

介邑秀才李思白名堉道號瓊玉六問

問之一日弟子昔日最不信釋道聞朱子之言謂釋道乃虛寂之說故此去之不取前蒙翟友所送老師之書初不欲觀後强以覘之乃知有眞實工夫在信心無疑行持半月幸得眞種產之景到覺身內八脈齊開夙有病疾一夕而愈今成舍利眞乃有幸矣弟子聞今時出家人開口便言他自悟得性不用修煉言修煉有成即

有壞此言是否答曰此圖衣食之計耳又怕別人言他無道行以奪卻主顧故用鈎連之法何曾有實也若不用修煉世尊何必在雪山六年達磨何必在少林九載六祖又何必隱修十五年俱是有憑據彼言頓悟者哄弄世人之方耳一朝氣斷嗚呼矣

問之三曰成道是一法修煉還是二法修煉答曰千萬佛總是一法未得慧命者則有門戶之說得著慧命總歸一也世尊所謂除二即非眞者是也

問之三曰今之禪門傳法可是眞法否又曰出家人做到方丈則不用求人自就是大和尚登佛位代佛說法不知是何法答曰自西天至東土達磨六祖以口傳心授故五祖云師師密附本音今時失卻眞傳乃將紙上傳某僧某僧之名爲傳法者如優人自稱漢高祖楚霸王說者如放牛小兒唱山歌哄弄愚夫愚婦智者觀之眞可笑矣

問之四曰看話頭參禪可是眞道否答曰若釋教之傍

門故曰看話頭參禪以爭己勝若釋教之正道先須雙修行實在之工夫不問話頭

問之五曰打坐人凡有走漏是何故也答曰人至十五六歲炁滿自然而走泄不得眞傳則不知用火功旣不會火功焉有自住之理乎若要不走泄者時刻在走泄之處用火煆煉使精化而成炁炁往上升不致走泄矣

問之六曰今禪門人稱修道走漏不礙此言是否答曰此是第一外道楞嚴經云婬身婬心婬根不斷必落魔

道經百千萬劫允不能出況走漏一回與凡夫婬姤一回其理一也天上未有走漏身體之佛祖其舍利子文從何來此乃釋教下等之徒不必論他

僧眞元十三問

問之一曰正道從何而起手答曰心自所在又云凝集和合當知必有所在之妙處古云反觀凝合要知去處卽在命之所也

問之二曰何時下手答曰有物則下手祖師云可貴天

然物獨一無侶伴又非心非息物之藏于海中動時卽有知覺就在此時下手

問之三曰古人謂降龍伏虎何爲龍虎答曰龍卽心中之靈念也虎卽炁海中之暖信也若要龍虎降伏先以龍宿虎窟後以虎歸龍穴乃自然之降伏矣

問之四曰何爲猛虎出林答曰卽陽物動也又問曰何以伏之答曰卽以龍馭之以風吹之

問之五曰何爲眞種答曰卽龍虎合煉成一物然後有

機動者故名曰眞種矣
問之六曰何爲舍利子答曰卽眞種所產以得法輪之
煉法數足外腎不舉故名之舍利子矣
問之七曰何爲牟尼珠答曰卽舍利子所產以得運過
後三關之法歸于中宮故名曰牟尼珠矣古人云前三
三後三三卽此也
問之八曰何爲道胎答曰卽牟尼珠歸于中宮與意兩
相合一意在珠中猶如磁石吸鐵一般故名曰道胎矣

問之九曰何爲六通答曰先有漏盡通成然後有五通若獨修性不知慧命只有五通漏盡不得成矣少此一通不能成佛只爲靈鬼轉劫而已

問之十曰何爲出定答曰卽道胎中之珠煉成一个數足從頂門而出

問之十一曰何爲化身答曰卽出定之身所化也又問何等化法答曰猶如手之十指動也要一指動或要十指動總在念頭也

問之十二曰傍門與正道成時有何效驗答曰傍門言成者由他口內胡談無憑無據正道成舍利時則外腎絕無舉動成道胎時手無六脈髮白重黑齒落重生出定之時身外有身求師當自察之

問之十三曰不得正道日後若何答曰種瓜得瓜種豆得豆

太邑海會寺方長龍江

問曰自已以此靜修不起雜念可得不漏而成漏盡通

否答曰靜修只斷婬身婬心而已婬根則不能斷既不能斷則漏盡不能成欲要漏盡成者須用火風之功如來曰火化曰風吹實有眞傳矣

洪都藥師院方長石藏和尚

問曰忽然頓悟無凡無聖一念圓融似太空靜久下身融融和和而動以至于外腎何故也答曰此是禪機之妙處修慧命之下手時能用法收回本處故謂之雙修矣

張紫陽八脈經

衝脈在臍後任脈在臍前督脈在臍後帶脈在腹陰蹻在囊下陽蹻在尾閭上三節陰腧在頂前一寸三分陽腧在頂後一寸三分人有八脈俱屬陰神閉而不開惟神仙以陽氣沖開故能得道採陽氣惟在陰蹻為先陰蹻一脈散在丹經其名頗多曰牝門死戶曰歸根竅復命關曰酆都野死生根有神主之名曰桃康上通泥丸下透湧泉真氣聚散皆從此關竅尻脈周流一身貫通和炁上朝陽

長陰消水中火發雪裏花開天根月窟閑來往三十六宮都是春得之者身體康强容顏返壯在坤地尾閭之前膀胱之後小腸之下靈龜之下此乃天地逐日生炁之根產鉛之地也醫家不知有此

潛虛翁又論調息法云凡調息以引息者只要凝神入氣穴神在氣穴中默住陰蹻不交而自交不接而自接所謂隔體神交理最詳古仙已言之確矣

張三丰真人云調息不難心神一靜隨息自然我只守

其自然加以神光下照即調息也調息者調度陰蹻之
息與吾心中之氣相會於神凝氣穴之中也
潛虛翁三論調息法云今夫水與水合火與火合風與
風合雲與雲合常理也調息者以氣合氣何待強爲只
要凝神入氣穴神光下照陰蹻脈不期而會者一氣之
感通自然而然也

九層煉心

初層煉心者。是煉未純之心也。未純之心。多妄想。多遊思。妄想生於貪欲。遊思起於不覺。學人打坐之際。非不欲屏去塵情。無如妄想方除。遊思忽起。法在止觀。乃可漸漸消鎔。止則止於臍堂之後。命門之前。其中稍下。有箇虛無圈子。吾心止於是。而內觀之。心照空中。與炁相守。維繫乎規矩之間。來往乎方圓之內。息息歸根。合自然之造化。巍巍不動。立清淨之玄機。從此一線心光與一縷眞氣相接。渾渾灝灝。安安閒閒。此煉心養炁之初功也。

二層煉心者是煉入定之心也前此一線心光與一縷眞炁相接若能直造杳冥自當透出玄竅奈何定心不固每爲識神所遷心與炁離仍不能見本來面目法在心息相依之時卽把知覺泯去心在炁中而不知炁包心外而不曉氤氤氳氳打成一片此煉心合炁之功也

三層煉心者是煉未復之心也前此氤氤氳氳打成一

片重陰之下一陽來復是名天地之心卽是玄關一竅此刻精氣神都在先天鴻濛初判並不分眞精眞氣眞神卽此是眞精眞氣眞神若能一心不動便可當下採取運行無奈見所未見聞所未聞美景現前忙無錯手心一動而落在後天遂分爲精氣神矣法在玄關初現之時卽刻踏住火雲走到尾閭堅其心柔其息敲鐵鼓而過三關休息於崑崙焉此煉心追蒸之功也

四層煉心者是煉退藏之心也前此踏火雲過三關心

與炁相隨固已入於泥丸矣然在泥丸宮內或有識神
引動則炁寒而凝必不能化爲眞水洒灌三宮前功盡
去矣法在崑崙頂上息心主靜與炁交融炁乃化爲美
液從上腭落下捲舌承露吞而送之注心于絳宮注心
於黃庭注心于元海一路響聲直送到底又待立關之
現焉此煉心得炁之功也

五層煉心者是煉築基之心也前此入泥丸而歸炁穴
已有河車路徑從此一心做去日夜不休基成何待百

日乎然或有懈心有慾心作輟相仍丹基難固夫築基
所以聚精合神也功夫不勤精神仍然散亂何以延年
奉道法在行憑子午逐日抽添取坎塡離積精實腹此
煉心累氣之功也
六層煉心者是煉了性之心也前此河車轉動聚精會
神則靈根充實矣從此心液下降腎氣上升是爲坎離
交杳冥中有信浩浩如潮一半水氣濛濛如霧一半雲
氣是名金水初動方修玉液還丹倘用心不專則盡性

之事難了法在金水初生之日由丹田分下湧泉霎時而合到尾閭調停眞息鼓之舞之乃能滔滔逆上至於天谷涓涓咽下落於黃庭如此則朝朝灌溉心地清涼血化爲膏意凝爲土土中生汞汞性圓明遇物不遷靈劍在手孟子所謂盡其心者知其性也仙家名爲陰丹內丹此煉心明性之功也

七層煉心者是煉已明之性也前此金水河車仙師名爲內煉到此還有外煉功夫以外合內眞心乃聚而不

散蓋內體雖明好飛者汞性內修雖具易壞者陰丹設或保養不純則心性復滅矣法在以虛明之心妙有之理和砂拌土種在彼家彼家虛而由我實之彼家無而自我有之以有投無以實入虛死心不動霎時間先天一炁自虛無中來一候爲一陽有如震二候爲二陽有如兌時値候正宜和丹那邊吐出一弦眞炁其喻爲虎向水中生這邊落下一點立光其喻爲龍從火裏出兩交龍虎會合性情交感一場大戰名爲天地晦冥身心

雨靜矣俄而三陽發動有如乾卦如潮如火如霧如煙如雲如霜如雪如花身中陽鉛晃耀我即持劍掌印踏星步斗鼓動元和猛烹極煉透三關而上泥丸一身毛竅皆開比前玉液河車更不同也吞而服之以先天制後天性命合而爲一　即大還丹也性屬火其數七命屬金其數九返本還原故名七返九還金液大丹從此鉛來制汞其心常明汞不動搖矣此煉心成神之功也八層煉心者是煉已伏之心而使之通神也前此七返

九還以鉛制汞心已定矣但要溫之養之要使身中之汞盡化爲神身中之神能遊於外於是服一年十二月氣候除卯酉二月爲沐浴餘十月爲進退故名十月溫養非言要十箇月功夫也否則心雖定而不靈煉之煅之靈心日見靈則動動則變變則化故有出神之事而不爲物情所迷此煉心成神之功也

九層煉心者是煉已靈之心而使之歸空也前此溫養胎之神已出而不感隨心所欲無往不宜高躡雲霞遍

遊行至靈足樂矣但靈心不虛則不能包含萬有此所
以有煉虛之著也煉虛者心胸浩蕩象有皆無清空一
靜悟得天地間是我非我是空不空世界壞壞惟空不
壞乾坤有碍惟空無碍此所以神滿虛空法周沙界也
爲此煉之始未絕無加矣

李涵虛眞人後天串述

予著道德黃庭大洞無根諸註皆言先天之用而非初學法門也夫行遠自邇登高自卑若不明後天次序譬諸世上功名未舉茂才孝廉空想進士翰林也因作後天串述一篇爲入德之門也

一收心　二尋氣　三凝神　四展竅　五開關

六築基　七得藥　八結丹　九煉已

太上有言貴以賤爲本高以下爲基後天滋補賤下之

道也賤也者師所謂說着醜也下也者經所謂下而取也培養丹基純以精氣爲實其行功法也先要收心入內以中爲極以和爲則以神爲體以意爲用尋氣以陰蹻爲先中是活活潑潑不見不聞之處和是專氣致柔抱神以靜之功定中生慧坐照如如媾元神而生元炁展竅開關不離也元精者陰蹻一脈逐日生人之元炁也學人採取元精必尋炁之活動處而以靜合之此謂之神氣交則男女媾精眞種化生眞種者後天鼎之眞

氣後天鼎者卽元神元炁交合之所也一名靈父靈母此氣從鼎中煉出卽宜凝其神柔其意以柔制剛自然入我內鼎和之調之煅之煉之潛伏於丹田之中呼吸乎虛無之內是名命蒂又號胎息忽然而內鼎之間冲出一物跳跳躍躍噓噓噴噴直由衝脈上至心府卽展竅時侯其冲突有力時乃變神為意也引出尾閭一撞三關飛上泥丸卽開關也關竅既開乃行養已之功而談築基之道築基者採彼炁血補我精神精神雖壯又

恐動搖於是以壬鉛制之壬鉛者二炁媾而生者也原
夫坎宮之氣地氣也離宮之氣天氣也天地交合之時
混混沌沌絪絪緼緼結爲虛無窟子虛無窟子旋產一
氣即以此炁爲壬鉛此得藥時也鉛之體有炁無質以
故清而上浮至崑崙時要以目光上視神炁相息於頂
中凝住一時陽極陰生始以舌倒抵上腭鼻息要勻抵
腭久之乃有美津降下寒泉滴滴雖不甚多然一點下
重樓以意送回黃庭卻又奇怪發聲如瀨湃一般始知

大士甘露原不可多得也降入黃庭結爲內丹以後則在慾絕慾在塵出塵對境忘情煉鉛伏汞趕退三尸五賊銷磨六慾七情骨氣俱是金精肌膚皆成玉質蓋又是煉已功純方有此效未可越等而至也

國家圖書館出版品預行編目資料

金仙證論（附：慧命經）／柳華陽著. -- 初版. -- 新北市：華夏出版有限公司, 2023.11 面；　公分. --（Sunny 文庫；306） ISBN 978-626-7296-19-6（平裝） 1.CST：道教 2.CST：道教修鍊 235　112004000

Sunny 文庫 306

金仙證論（附：慧命經）

著　作　柳華陽

印　刷　百通科技股份有限公司
電話：02-86926066 傳真：02-86926016

出　版　華夏出版有限公司
220 新北市板橋區縣民大道 3 段 93 巷 30 弄 25 號 1 樓
電話：02-32343788　傳真：02-22234544

E-mail：pftwsdom@ms7.hinet.net

總 經 銷　貿騰發賣股份有限公司
新北市 235 中和區立德街 136 號 6 樓
電話：02-82275988　傳真：02-82275989
網址：www.namode.com

版　次　2023 年 11 月初版一刷

特　價　新台幣 540 元（缺頁或破損的書，請寄回更換）

ISBN-13：978-626-7296-19-6